高校人才培养与教育教学改革研究

吴显芝　著

吉林出版集团股份有限公司 | 全国百佳图书出版单位

图书在版编目（CIP）数据

高校人才培养与教育教学改革研究 / 吴显芝著. ——
长春：吉林出版集团股份有限公司, 2023.4
ISBN 978-7-5731-3289-5

Ⅰ.①高… Ⅱ.①吴… Ⅲ.①高等学校—人才培养—
研究—中国②高等学校—教学改革—研究—中国 Ⅳ.
①G649.2②G642.0

中国国家版本馆CIP数据核字(2023)第084710号

高校人才培养与教育教学改革研究
GAOXIAO RENCAI PEIYANG YU JIAOYU JIAOXUE GAIGE YANJIU

著　　者　吴显芝
出 版 人　吴　强
责任编辑　孙　璐　王　博
开　　本　787 mm × 1092 mm　1/16
印　　张　9.5
字　　数　178千字
版　　次　2023年4月第1版
印　　次　2023年8月第1次印刷

出　　版　吉林出版集团股份有限公司
发　　行　吉林音像出版社有限责任公司
　　　　　（吉林省长春市南关区福祉大路5788号）
电　　话　0431-81629679
印　　刷　三河市嵩川印刷有限公司

ISBN 978-7-5731-3289-5　　定　价　48.00元

前　言

高校教育肩负着为社会输送各类人才的重大任务。随着时代的发展和社会的变迁，21世纪社会需要创新型、应用型人才为全人类创造财富。但是高校的教学模式滞后于社会发展的脚步，在这种情况下急需进行教学改革，来满足社会的需求。学校是培养和造就高素质创新型人才的摇篮和主要阵地。各地各高校把提高教育质量作为创新创业教育改革的出发点和落脚点，根据人才培养定位和创新创业教育目标要求，促进专业教育与创新创业教育有机融合。进一步优化高等教育结构。围绕国家和区域经济社会发展需求，优化院校布局、学科专业布局和人才培养机制，提高教育教学质量。切实提高毕业生就业创业能力。把深化高校创新创业教育改革作为推进高等教育综合改革的突破口，推进人才培养与社会需求间的协同，探索建立需求导向的学科专业结构和就业创业导向的人才培养类型结构调整新机制。"互联网"时代也呼唤教育理念、人才培养模式、教学方法及评价方式的蜕变。为此，高校应不断进行教育教学研究与改革，贯彻教育教学品质提升计划，持续推进人才培养模式改革。

本书内容涵盖了教育理论与管理、人才培养与专业建设、产学研结合与实践教学、教学方法等内容，分析比较国内外人才培养的模式。同时为进一步推进人才培养的建设与发展、促进教育教学改革，构建学习交流的平台提供方法经验。本书始终围绕高等教育教学改革发展中存在的理论与实践问题，以育人为核心任务，以改革创新为保证，以提高教育教学质量为重点，全方位地开展高等教育科学研究工作。不断强化师资队伍、管理干部队伍建设，合理规划学科发展格局，优化教育教学环境，突出创新型人才实践动手能力的培养。建立与产业、行业紧密结合而又共同参与的机制，构建与经济社会发展相适应的人才培养体系。以学生能力培养为核心，加强理论与实践相结合，重视实践教学，建立大学生参与科学研究的制度，积极推动大学生参与校外学习、实践和创新，开发学生潜能，发展学生个性，培养学生创新意识、创新精神和创新能力。本书为创新型人才培养与教师的教育教学研究与改革提供理论指导，对提升创新型高校的教书育人能力具有重要意义。

由于作者的水平以及对人才培养和教育教学改革研究的认识有限，本书有很多不足之处，诚望诸位学者、读者提出意见以供改进。

作　者

2023 年 4 月

目　　录

第一章 高校人才培养研究理论基础

理论是对客观事物的总结和概括，是社会实践活动的先导，是开展科学研究的前提和基础。科学研究必须借助于对研究主题相关的概念进行深入的分析，全面阐释与课题研究的主题相关的社会语境和理论体系，构建基于研究主题的理论依据、研究视角和分析框架。本章基于高校创新型人才培养研究的实际需要，以界定我国高校创新型人才培养的核心概念为研究基础，以阐释我国高校创新型人才培养的社会学依据为出发点，从多层面、大视野的角度对影响我国高校创新型人才培养的因素进行系统的社会学分析。

第一节 核心概念界定

从客观事物理论分析的角度上看，概念是思维的最基本组成单元。本研究通过对"高校、人才培养、创新型人才培养、社会学分析"等概念的内涵进行分析，结合我国高校创新型人才培养的实际情况，从而全面、系统和深刻地探讨我国高校创新型人才培养的深刻内涵。

一、高校

"高校"是"高等学校"的简称，一般相对于中等学校、初等学校而言，特指直接从事培养人才活动的且有某种结构的高等组织或机构，多数情况下与"大学"词意相似，但与大学也存在一定的区别。大学必须以培养本科以及本科以上人才为主，在文学、法学、经济学、教育学、理学、工学、农学、医学八个学科门类中以三个以上的不同学科为主干学科，且具有较强的教学、科研力量以及较高的教学、科研水平，全日制在校生规模应达到五千以上。实质上，我国高校是一个多层次、多类型、多形式的系统，主要指以培养高级专门人才为主要职责的组织或机构。从教育对象和学习形式上划分，高校可分为普通高等学校和成人高等学校；从教育层次上划分，高校可分为专科高校和本科高校；从学校办学性质上划分，高校又分为民办高校、公办高校和独立学院等。

本书对我国高校创新型人才培养进行社会学研究，其研究的总体是我国各级各类的普通本科高校，普通本科高校又可分为公办高校、民办高校和独立学院。公办本科高校一般分为一本、二本，一本的有"985 工程"高校、"211 工程"高校和其他重点一本高校，二本的有省属重点高校和地方一般本科高校，由于民办高校和独立学院与政府举办的高校在学校性质、学生层次、学生就业以及招生考试等方面具有较多的特殊性，因此，本研究不把民办高校和独立学院列为研究对象，而只是以政府举办的普通本科高校的创新型人才培养为研究对象。

二、人才培养

从构词法上讲，"人才"和"培养"是"人才培养"这个词的核心构成单位，其本身的含义对"人才培养"的科学界定具有重要影响。因此，要准确界定"人才培养"这个概念，就必须明确"人才"和"培养"的真正内涵。

（一）何谓"人才"

人才是一个内涵极为丰富的概念，一般意义是指智力超凡、在某方面具有才能或本事的人。但在社会认知层面，人们又形成了对"人才"的不同认识，主要存在两个方面的理解。一是侧重于讲德才兼举，《辞海》中指出人才指有才识学问，德才兼并，品德高尚的人；《现代汉语辞海》把人才解释为德才兼优和有特长的人。二是把能力和贡献作为评判人才的根本标准，"人才是指在一定社会条件下，具有一定专门知识和较高的技术及能力，并以创造性的劳动为社会发展和人类进步做出较大贡献的人，具有创造性、进步性、社会性和时代性这四大特征"或"人才是指具有一定的专业知识或专门技能，进行创造性劳动并对社会做出贡献的人，是人力资源中能力和素质较高的劳动者"。实际上，以上两个角度的认识都具有一定的合理性，但都存在着一定的片面性，这可能还需要学界对人才的外延进行进一步的研究与探讨。显然，要对人才的真正内涵进行科学的界定，必须要以对当前社会的认识和需要作为前提。因此，所谓人才是指在社会实践活动过程中，具有一定的文化知识水平，具有相应的科学技术或创新能力，能够以自己的创造性劳动作用于自然和社会并取得创造性成果，在某一领域、行业或某个方面为社会发展和人类进步做出较大贡献的一类人。

（二）何谓"培养"

"培养"一词通常有两层含义，一是指采用一定的条件促进生物体的发生、成长和繁殖。现今人们对"培养"的理解主要取第二层含义，"培养是指教育者使受教育者掌握系统的科学文化知识和技能，形成其思想品质，健全体魄的过程，其内涵与教育基本相同，如培养全面发展的人，也可以说通过教育使学生成为全面发展的人"。

（三）何谓"人才培养"

"人才培养"是一个人们耳熟能详的社会用语，但学术界较少对之进行探讨和界定。目前仅有个别学者对此概念进行了一定程度的探讨，主要存在两种倾向，其一是强调"人才培养"等同于"教育"，认为"人才培养就是教育、造就有才识学问、德才兼备的人的过程，造就人才是一个连续持久的过程，在这个过程中，教育不仅要适应人才成长的变化需要，也要根据知识发展的阶段进行调整，因此，这是一个呈阶段性变化的过程"。其二是有学者认为"培养人才是高等教育的主要任务，人才培养必须要解决七个大问题，即教育理念的提出，人才培养目标的确定，人才培养对象的选择，人才培养主体的开发，人才培养途径的利用，人才培养过程的优化以及人才培养的制度保障"。本书结合研究的需要，认为"人才培养"应该是一项系统的育人工程，是一种有计划、有目的和有组织的育人和造就人才的活动，这项活动受"人才培养"宏观层面的、中观层面的和微观层面的影响因素的制约。宏观层面的影响因素有国家体制和文化传统，国家体制包括政治体制、经济体制等。政治体制此处特指一个国家管理教育的行政体系和制度，教育管理机构的设置和管理职权的划分以及彼此之间的隶属关系等；经济体制特指与教育活动相关的资源配置方式，表现为是计划调节手段还是市场调节手段。中观层面的影响因素有大学精神和培养模式，大学精神是大学在长期的发展过程中所形成的具有自身特色的文明成果，一般包括大学的创造精神、批判精神和社会关怀精神，在实践中具体表现为大学思想、大学定位与大学行为等；"培养模式是（亦即培养过程）按照什么样子去实现人才培养的目标，是一种对于培养过程的设计与建构，强调的是认识与实践活动的过程形态，如教师主体在课程教学、学术活动与实践活动中究竟采取何种形式，按照怎样的程序和进行怎样的配置等问题"，因此，作为一种过程体系的培养模式，形式上需要进一步去完善课程设置和教学方式，本质上需要进一步优化人才培养模式和人才培养制度来体现。微观层面的影响因素有师生关系和教学互动，师生关系是教师与学生在教学过程中所形成的关系，融洽的师生关系有利于创造和谐的教学氛围，有利于教学目标的实现以及创新型人才的培养；教学互动是由教师的教与学生的学所形成的一种互动式关系，严格一点来说，教学互动应该是一种教学模式，这种教学模式特别注重教学过程中教师与学生的交流与对话，本质上是教师主导与学生主体的体现，是教育民主发展到一定阶段的重要标志。

三、创新型人才培养

从"创新型人才培养"这一概念的组词结构上看，显然"创新""创新型人才"和"人才培养"处于这个词的核心位置，其内涵和外延对"创新型人才培养"的界定有很大影响，为此，有必要明晰"创新""创新型人才""人才培养"及其相关概念的内涵。

（一）何为"创新"

创新是"创新型人才培养"的核心词汇，这是一个现代社会耳熟能详的话语。从起源上说，"创新"来源于拉丁语，本意是更新、改变或创造新东西。创新作为一个理论研究的前沿性概念，学界公认最早由经济学家约瑟夫·熊彼特于1912年提出，他认为"创新就是建立一种新的生产关系函数，是企业家把生产要素和生产条件进行重新组合从而引入生产体系，其中任何生产要素的变化都会影响生产函数的变化，进而推动经济的发展。他进一步认为生产要素的组合主要包括五个方面，一是采用新产品的新特性，二是采用一种新的生产方法，三是开辟一个新市场，四是创造一种新原料，五是造成一种新垄断"。对于创新的概念，目前学术界正处于探讨阶段，还没有达成一致理解，但也呈现出一些共同的特征：①创新是一个动词，指进行一种社会性活动，是人类社会特有的现象，是主观见之于客观的活动，具有明确的目的性。②创新有结果发生，并且一定要创造出新东西，如有新观念的产生、新产品的生成、新技术的创造、新思想的提出、新工艺的创制以及旧事物的改造等。③创新的内容具有无限多样性，可以是显性的创新如科学创新、技术创新、事物创新、市场创新、金融创新和产业创新等，也可以是隐性的创新如管理创新、体制创新、文化创新、理念创新等。④作为一种社会活动的创新，还表现在其应具有意义和价值，体现出明显的价值趋向性。基于上述认识，本书认为，创新就是相对于守旧而言的，创新无处不在、无时不有，处处有可创之地，人人是可创之人，只要有新产品的出现、新工艺的创制、新理念的提出都可以叫创新，或者有新的变动、新的组合和新的改进也可以叫创新。因此，创新是进行新改革、创生新成果并产生新实用价值的社会实践活动。

（二）何为"创新型人才"

关于"什么是创新型人才"，这涉及创新型人才的概念界定问题，实际上，创新型人才是与常规型人才相对的一个概念。常规型人才主要以常规思维为典型特征，习惯于按照原有的思路、常用的模式和通用的方法去解决问题，不敢违背常规和模式，落后与保守是其最为明显的特点。而创新型人才以创新思维为主要特点，习惯于跳出常规思维和冲破固有模式，不按常规出牌，他们在工作过程中善于求新、求奇、求异和求变，常常以是否产生新设想、提出新理论、创造新技术和创制新工艺等作为其思想和行为的价值取向。另外，创新型人才还讲求实用、效率、成效和社会贡献等。由于创新型人才的特点和优势，进入 21 世纪之后，创新型人才培养研究引起了社会各界的广泛关注与重视，目前已成为一个热门的研究领域。为深入研究这一领域，掌握其研究动态与趋势，笔者在中国期刊学术网络出版总库和中国期刊网优秀博硕论文全文数据库进行检索，并分别以"创新人才""创新型人才""创造人才""创造型人才""创业人才"和"创业型人才"为主题进行精确检索，创新型人才是对人才和创新人才内涵的进一步拓展，创新型人才更加强调人才的潜在性和发展性，具有人才的"类"特征，所以本研究使用"创新型人才"这种语词，实际上本研究认为二者之间仍可以相互通用，并无明显的区别。

学者们在对创新型人才进行概念界定时，呈现以下四种趋向：

第一，能力说。所谓创新型人才，是指具有创新创造能力，能取得创新性成果的人。这样的人，智力因素与非智力因素都得到了较好的发展，知识渊博，感觉敏锐，善于洞察事物发展的趋势和突破点，对事物的发展状况具有较好的预判断能力。另外，具有较强的理论与实践相结合的能力，将思维和思想变为现实的能力独特，思想和行为具有较好的一致性。

第二，素质说。所谓创新型人才，是指具有创新心理素质，能取得创新性成果的人。这样的人，思维较为新奇，发散性思维、直觉性思维和形象性思维得到较好发展，善于结合实际进行丰富的联想和想象，记忆力惊人，能在较短的时间揭露事物的本质和规律，从而产生较为新颖的、独特的和具有一定价值的创新成果。

第三，特征说。所谓创新型人才，是指具有创新社会属性，能取得创新性成果的人。

这样的人，社会责任感较强，个性较为自由，兴趣爱好多样，实践能力较强，对事物充满好奇心，喜欢探索究竟，乐观自信，富有冒险精神，团队合作意识强，人生态度坚定，不怕困难，不为逆境所屈服，具有坚忍不拔的精神。

第四，贡献说。所谓创新型人才，是指能取得创新性成果，并对社会做出贡献的人。这样的人，能结合自己的主客观条件，充分发挥好自己的个性优势，尽情地使用好自己的知识能力，能把思维和思想转化为具体的行动，积极促成新思想、新理论、新观点和新工艺的产生，对时代的发展做出自己应有的贡献。

能力说、素质说、特征说和贡献说均在不同层面对创新型人才进行了不同的阐释，具有一定的合理性，但理解却又不够充分，实际上，要对创新型人才进行科学的定义，可以对以上各种说法进行如下反思。第一，如果一个人有创新能力和创新精神，而没有对社会的责任和贡献，这算不算是创新型人才？第二，同理，如果一个人具有创新型人才的特征和素质，而没有进行创新的能力，这算创新型人才吗？第三，反之，如果一个人对社会有贡献但仅进行简单的重复劳动，这是不是创新型人才？因此，对创新型人才进行科学界定应把这四个方面结合起来，而不能只强调其中的一个或几个方面而忽视其他方面，并且对创新型人才进行质的研究和量的评估是对创新型人才的概念进行科学界定的关键问题。因此，本书认为，所谓创新型人才是指能充分综合利用社会的各种主客观条件，具有自觉的创新意识、积极的创新精神、果敢的创新能力、独特的创新思维、健全的创新人格和坚强的创新意志，能够在实践中积极主动地取得创新成果，具有促进新事物的产生、新物品的创造、新理论的提出和新工艺的创制等，并为人类社会和时代发展做出贡献的人才，进一步说，创新型人才不仅在社会发展过程中能积极主动地利用好社会的各种主客观条件，而且要做到有条件时充分利用条件，没有条件时能创造条件进行工作和创新。实际上，创新型人才是对人才的深化认识，是当前社会对人才的新要求和新期望，即把创新作为人才的本质属性。

根据以上对创新型人才的深入理解，我们认为创新型人才还具有以下共同的特征：

1. 建构知识的能力

创新绝对不是凭空想象，而是建立在一定的专业知识基础之上，并具有对知识和技能进行建构和重组的能力。作为知识经济时代和信息社会的创新型人才，其创新的成效和创新的实效必须以一定的专业基础知识作为前提。这种知识实际上是全面的和系统的，除了掌握高深的专业知识和技能以外，还要具有宽厚的文化积淀和文化修养，因为"没有一门科学或两门科学或一个科学领域，甚至所有的世俗科学可以构成整个真理"。而且"把一门科学排除在大学课程之外，都会造成人才培养的缺陷"。除此之外，创新型人才的知识体系还应是动态的和发展着的，学生要以课程学习作为知识建构的基础，通过多参与学术交流活动来拓展学习视野，完善知识体系，在知识建构中不仅要把握学科知识的发展方向，而且要洞悉学科的发展动态和趋势，始终走在学科知识发展的前沿。

2. 发现问题的能力

作为一名具有创新能力的创新型人才，仅具有知识建构的能力是不够的，因为知识只是进行创新的前提和基础，创新型人才的关键是必须具有创新的心理品质，即发现问题的能力。发现问题的能力是进行创新活动的心理特点，这种心理特点主要指具有高度发达的创新智力和能力，既有对创新的敏锐预测和判断能力，也有对事物和问题的独立思考和探究能力，还有较强的自主学习、获取新知识的能力，以及能通过观察、思考和探究把理论形态的创新向新技术、新工艺、新设计和新物质转化的能力。另外，创新型人才一般还体现为具有以创新精神和创新意识为中心的批判精神和质疑精神，敢于挑战权威，有胆量和有能力提出与众不同的想法，好奇心强，求知欲旺盛，善于打破常规和敢为天下先，面对困难坚信自己可以战胜和克服，情绪稳定，抗压能力强，具有自信乐观的心境等。

3. 解决问题的能力

发现问题的能力是创新型人才的重要心理特征，而解决问题的能力则是培养创新型人才的重要价值体现。因此，高校要培养创新型人才，就必须注重学生解决问题的能力的培养与提高。从解决问题的流程上说，发现问题是基础，分析问题是关键，而解决问题则是目的。在培养创新型人才的过程中，虽说解决问题的能力是创新型人才培养的价值取向，但是，分析问题的能力特别是方法的训练则具有不可取代的地位。因为，只有注重方法的训练，把培养学生的聚合思维能力和发散思维能力结合起来，即对问题进行逻辑推理、数学运算、空间比对以及分类辨识等，这样，学生在分析问题的过程中才能抓住问题的关键，才能够对事物做出全面而系统的把握，在解决问题的过程中才能提出多种解决问题的方案。

4. 提升转化的能力

提升转化的能力是创新型人才的核心心理特质，是指高校在创新型人才培养的过程中，通过引导学生在知识学习过程中根据时代需要不断进行知识建构，注重培养学生的批判思维、发散思维和聚合思维，实现学生从新构想向新语言、新想法向新行为、新观念向新成果等的转变。从本质上说，提升转化的能力培养需要一定的社会素养，必须具有对社会、人生和自我的认识以及在行为过程中的社会精神品质，要熟悉当今的国际视野，能结合国内外的发展趋势对自己的专业领域有深刻的见解，能够以国际的高度、地区的视角和个人的实际来分析问题和解决问题，对真理锲而不舍，勇于探究，把创新作为人生价值观的重要组成部分，能够把国家富强、社会进步与个人发展结合起来，社会责任心强，生活较为简单，坚守平淡，较为自信、自尊、自立和自强，注重体育锻炼和卫生保健。

（三）何为"创新型人才培养"

"创新型人才培养"也叫培养创新型人才，是指在一定的人才培养理念的指导下，在一定的时空范围内进行创新型人才培养试验，主要通过改革体制机制、传承传统文化、重塑大学精神、创新培养模式、创建新型师生关系、建立特色化的教学互动等，从而实现创新型人才的培养。

四、社会学分析

"社会学分析"是基于相应的社会学视野，借助于相关的社会学理论和社会学方法对特定的社会性问题进行全面的分析框架建构和内在理性阐释，探讨社会性问题与相关社会因素之间的逻辑机理与运行关系，从而系统、深入地澄清社会性问题存在的源流、现状与发展趋势的过程。一位社会学家在其名著《社会学的想象力》中把"社会学分析"称为"社会学的想象力"，他指出："需要一种心智的品质可以帮助他们利用信息增进理性，从而使他们能够看清事情的清晰全貌，正是这种品质可以称为社会学的想象力。"在他眼中，经典社会学家在对社会问题进行分析时总是在问三种类型的问题："一是社会作为整体，结构是什么，组成部分是什么，彼此之间又是如何联系的；二是在人类历史发展进程中，该社会处于什么位置，有什么发展动力，其基本特征是什么，与其他社会有什么区别；三是在这一社会的现在阶段，占主流的是什么类型的人及人性，什么类型的人以及人性又将逐渐占主流。"实际上，"他是从结构的视角、历史的视角和个人的视角三个层面来分析社会性问题的，其所尝试的构建社会学的想象力也包括了这三种类型问题的特质"。当然，社会学家们对社会性问题的分析视角远不止于此，有学者把社会现象放到社会大背景中进行分析与研究，探讨社会现象的经济制约、环境影响、政治干扰、教育作用和法制干扰等，从而深入地揭示这些社会现象产生的原因及发展趋势。其实，当前社会学界对社会性问题的分析还没有形成统一的分析模式和分析体系，这一方面可能与社会性问题的复杂性有关，另一方面可能受到社会学理论流派差异的影响，最后可能还与研究者分析问题的喜好、研究方法的不同和分析问题的视角有密切的关系。但是，尽管如此，社会学的学科特点还是决定了社会学分析具有一些共性。其一是应具有社会学的学科视野。"视野是指人的眼睛所能注视到的空间范围，社会学的学科视野主要指社会学的学科之眼所能注视到的空间范围。"由于研究者们的知识结构、生活阅历、利益需求、价值取向存在差异，在社会学的学科之眼上难以形成共识，研究者们也就难以形成共同的学科视野。但是，社会学的学科特点决定了社会学具有特定的研究对象和研究方法，在发展历程中形成了固定的研究体系和核心范畴，诸如社会公平、社会分层、社会流动、社会结构、社会变迁和社会建构等。其二是应具有社会学的学科理论。社会学是依据一定的社会学理论对社会问题和社会现象进行分析与研究的一门学科，显然，学科理论是社会学这门学科得以存在的前提和基础，同时是社会学这门学科走向成熟的基本标志。目前，社会学已经形成了独特的三大理论流派，分别为结构功能主义理论流派、矛盾冲突理论流派和社会解释理论流派。其三是应具有独特的社会学研究方法。社会学研究方法是社会学学科体系的重要组成部分，同时是社会学这门学科得以持续发展的有力武器。就研究方法而言，实证主义的研究方法是社会学研究方法的主流，反实证主义的研究对社会学的学科研究也提供了一定的启示，尽管二者之间存在对立和矛盾，但实际上，"实证方法和非实证方法都应在社会认识过程和知识结构中占有一席之地"。其四是应构建有效的社会学分析框架。社会学分析是一项社会系统工程，需要站在社会学理论的高度，探讨社会现象和社会问题的制约因素，并对每个制约因素进行深入解析与重构，进而了解其过去、把握其现状并预测其发展趋势，这显然是社会学分析的目的所在。

"高校创新型人才培养"不仅是一个理论问题和实践问题，也是备受关注和重视的社会现象和社会问题，显然，对之进行深入的社会学分析显得异常必要。因此，从社会学学科着眼分析我国的高校创新型人才培养具有重要的理论意义与实践意义。所谓"高校创新型人才培养的社会学分析"，是指运用社会学的学科视野和研究方法去分析和评价高校所进行的创新型人才培养的社会事实和社会现象，从而构建出高校创新型人才培养的分析思路、分析模式和分析框架，为高校创新型人才培养提供实践的理论模型和思维启迪。本研究的基本出发点是：我国高校在创新型人才的培养过程中都在做什么，产生什么成效，具有什么特点，存在的问题有哪些，如何去解决这些问题。当然，高校创新型人才的培养是一项社会系统工程，各种问题的出现不是个别的和孤立的，而是类现象和复杂性的问题，只有将它放到社会大背景下，从宏观层面分析文化传统的影响，从中观层面探讨大学精神与培养模式的作用，从微观层面研究师生关系和教学互动。除此之外，还应将宏观背景、中观现状和微观情景密切结合起来，既要关注个别高校的特殊亮点，又要重视各个高校的普遍成效，既要关照个别高校存在的困难，又要注意各个高校的共性问题，充分认识各高校人才培养的宏观背景、中观现状和微观情景的社会关联性，运用社会学的术语、概念、范畴与方法进行描述与分析，深入地揭示我国高校创新型人才培养的现实问题，并试图构建一种创新型人才培养的制度体系和运行模式。

第二节　创新型人才培养的社会学理论分析

本节基于功能主义理论、矛盾冲突理论和符号互动理论三种理论学派的基本观点，对我国高校的创新型人才培养进行深入的社会学解读，从而使研究既有较全面的价值分析，又有较具体的可行性论证。

一、从功能论视角认识创新型人才培养的多重价值

（一）社会功能论的基本观点

社会功能论起源于19世纪，该理论认为社会与生物体一样是由不同的生物器官所组成，只有当每个生物器官之间具有协调一致、团结合作的关系时，社会才能得到发展，并且每个生物器官都对社会的生存与发展发挥着正面的作用。功能主义理论发展到20世纪中期以后也叫结构功能主义理论，这个时期的社会学理论家对早期的社会学理论家的思想和作品进行了较为系统的理解和综合，回答了早期社会学理论家留下的一个问题，即社会系统处于均衡状态的问题。仔细分析功能理论，其基本论点有：

第一，社会是由诸多不同质的部分组成的一个相对稳定和持久的结构。社会结构包括社会组织、社会制度、社会规范、各种行为模式和社会角色分配等，功能论者特别强调组织机构社会功能的发挥，进而促进社会的均衡、稳定和协调发展。在教育社会学研究中，社会结构分为具体结构和分析结构两种。社会具体结构分析的教育意义在于，它为研究作为具体结构中的学校和其他制度（如家庭、工厂）提供了一种途径，社会分析结构纵的方面是社会的科层结构，横的方面是社会制度分析，制度是社会学研究的中心，它是社会的

主要构成部分。

第二，社会结构的各个组成部分彼此之间的整合具有整体统一的性质。社会各个部分之间相互依存、彼此协调和共同发展，功能论者特别强调社会体系中各主要组成单位之间的正常关系和体系的稳定性、整合性和最大效果的条件。对此，一位学者提出了结构—功能分析的四个原则，即对其体系和自然环境的适应、体系目标的达到，统合性、稳定性和连贯性的保持；另外，社会结构的基本制度是政治制度、经济制度、表意整合制度（教育）和亲属制度，社会结构的稳定就是这四种制度的合理组织。

第三，社会应保持持久的稳定性而不赞成过分对社会进行激烈的变革。功能主义者的基本观点是强调社会稳定的重要性，要求在稳定中求进步、求发展，注重社会组织、社会制度和社会行为规范等的稳定性和连续性。"交换模型"将社会系统分成四个不同的方面进行描述，其中每一个方面都不完全符合现存的某一种制度，但每一个方面都与稳定性相连，也与变化性相关。其中每个子系统的需求可以由相邻的边界提供，相邻子系统的需求由它来提供，它们之间的关系是相互依赖的。

第四，社会成员之间具有共同的态度和价值观是保持社会和谐的前提。功能主义者认为，社会要保持稳定发展，前提条件是社会成员必须具有共同的认识、共同的信念、共同的态度和统一的价值观，教育的目的在于使社会成员对不断变化的思想、态度方面保持和谐一致。为防止冲突，成员必须具有共同的语言，并在基本价值观上形成某种一致的意见，必须有某种机制以确保青年一代获得某种语言，树立共同的价值观。除此之外，必须有某种方法以保证社会各个组成部分的协调以及对新发展潮流和外部威胁作出反应。

（二）从功能论视角认识创新型人才培养的社会价值

社会功能论强调社会的结构和功能，突出社会结构各组成部分之间的整合、均衡、稳定与和谐发展，注重社会各组成部分之间对于整体事物生存所发挥的功能，这对于科学分析我国高校创新型人才培养具有重要的社会价值。

1. 创新型人才培养是建设创新型国家的重要支撑

创新型国家建设是一项系统工程，需要文化因素支持、制度因素支持和人的因素支持，其中，文化因素也好，制度因素也罢，都必须依赖于人的因素才能起到作用，"人的因素是综合国力的重要表现，是国家经济和社会发展的基础和保障"。实际上，人的因素特别是高校创新型人才的培养在我国创新型国家建设进程中具有举足轻重的作用，从这个意义上说，高校创新型人才培养作为创新型国家建设的一个关键组成部分，其开展的人才培养的质量和价值状况，是推动我国创新型国家建设的内在动力。反之，创新型国家建设的状况也会为创新型人才培养提供社会文化环境的支持。

2. 创新型人才培养是优化社会结构的必然举措

社会学视域中的社会结构主要指社会中人群共同体的构成，在社会中这种社会结构主要包括阶级结构、阶层结构和职业结构三个层次。社会结构既相对稳定，又不断发展变化，社会成员正是接受一定的教育从一种职业流向另一种职业，从一个阶层流向另一个阶层，从而实现社会结构的优化和不断发展。

3. 创新型人才培养是高等教育改革的核心目标

高等教育的三大功能是人才培养、科学研究和社会服务，其中核心功能是人才培养。因此，创新型人才的培养已成为我国高等教育进行改革的核心目标。

二、从互动论视角探寻创新型人才培养的建设路径

（一）社会互动论的基本观点

互动论的思想源流来自18世纪几位哲学家的理论中，他们提出，若欲建立人类的科学，则必须重视人类相互联系的基本事实，并应把注意力集中于人际间的沟通、同情、模仿及风俗上。详细分析、解释该理论，其基本思想有：

第一，互动论探讨的是人际互动的方式与过程，认为人们通过互动过程，以象征符号来表达思想、感情、价值观。而符号的意义随情景的变化及个人对情景的定义而有不同的解释，无论此种解释是否正确，都会产生与这种解释相对的结果。为了说明这一复杂的互动关系，互动论者提出了"符号""意义""符号互动""自我互动""自我象征""情景定义"与"社会互动"等核心概念。

第二，符号本意是指传达信息的基本单元，但互动论所谓的"符号"主要是指"有意义的姿势"，如语言、手势、表情等在人际交往中都是有特定意义的，"意义"是符号的最核心内容。"符号互动"是指人们彼此理解"姿势"，并在理解所获得意义的基础上采取行动。"自我互动"就是个体与自身对话，不断地反省自我、重新定义自我的过程。"自我象征"是指一种沟通过程，在这个过程中，个体赋予其所关注的某一事物的某种意义，并以此为基础决定自己采取何种行动。"情境定义"意为个人对所处的社会环境的解释，它不仅规定个人的具体行为，且影响个人人格的发展。"社会互动"贯穿于多种社会

活动中，是个体心智和自我发展的表征。个体对所处环境或客体形成一个反馈性的解释，得出一个主观性的情境定义，它支配人的行为和发展。

（二）从互动论视角探寻创新型人才培养的建设路径

互动论对人际互动的方式与过程进行深入的剖析，运用符号互动来分析学校的课堂生活。显然，互动论的思想对探寻创新型人才培养有着多方面的启迪作用。

1. 构建良好的互动符号系统是促进创新型人才培养的思想基础

创新型人才的培养是一项社会系统工程，需要国家的重视、社会的关注和大学的担当。持互动论观点的学者认为，"大学是一个表达一定社会意义的各种符号所组成的符号系统，大学符号系统包括认知符号系统、语言符号系统与行为符号系统"。因此，大学要培养创新型人才，就要突出国家、社会和大学的互动符号，从国家层面要突出政治体制、经济体制等；从社会层面要突出社会氛围和文化传统；从大学层面要突出大学精神、培养模式、师生关系与教学互动等。因此，大学只有构建好良好的互动符号系统，才能为创新型人才培养提供思想基础。

2. 建设自由开放的制度系统是促进创新型人才培养的条件保障

自由开放是培养人的创新精神的重要条件，离开了自由开放，人的个性与创新将无从谈起，创新型人才培养将变得更加不可能。当前，创新型人才的培养已成为我国高等教育的重要职责与使命，我国高校的创新型人才培养必须营造一种有利于创新型人才成长的自由的、开放的制度系统，满足学生的个性自由与自主发展，加强师生之间的平等交流和教学互动，增强学生的探索精神与主体意识，在时间和空间范围内为学生创造有利于自主学习的条件，拓宽学生个性发展的空间，真正培养出具有创新精神和创新能力的人才。

3. 建立平等和谐的互动机制是促进创新型人才培养的关键要素

平等和谐的互动机制是促进创新型人才培养的关键要素，社会的平等对话是实现良好社会氛围的重要保障。平等作为公平、诚信、自由以及民主等价值观念的重要构成元素，已成为当前整个社会的核心价值理念，并成为人们共同的追求目标，在创新型人才培养中有着重要的内在价值。一是指大学人的人格平等，大学管理者、教师、学生在大学体系中虽承担不同的责任，但在人格上是平等的，在所有的对话中不能把对方看成可以控制和可以改变的对象，彼此之间是相互合作的关系。二是指大学人以追求真理作为自己存在的价值目标，在互动中实事求是、坦诚相待。一位教育家说："大学存在的理由是，它使青年和老年人融为一体，对学术进行充满想象力的探索，从而在知识和追求生命的热情之间架起桥梁。"三是大学人彼此宽容鼓励，管理者、教师和学生对大学文化建设中的许多问题都有不同的认识，而对话就是一个相互倾听、达成共识的过程。良性互动的对话没有压制，而是以宽容之心来对待他人，鼓励他人发表不同的意见。四是大学人在互动中应适度妥协，现代大学不仅成员众多，而且组织机构复杂，局部的舍弃与适度的让步是明智的选择。

第二章　高校教育教学概述

第一节　高校教育教学的目标和类型

一、高校教育教学目标

（一）高校教育教学目标的概念

高校教育作为教育的一个子系统，需要具备明确的目标。高校教育目标在一定程度上体现了国家和社会对高校教育的期望，反映着教育者和受教育者的追求，预示着教育的行为方向和结果，在教育和教育思想中占有重要的位置。

高校教育目标有广义和狭义之分。广义的高校教育目标是指社会发展和人的发展对高校教育包括对高校教育发展与活动所提出的要求。这种要求明显地表现出层次性，比如国家教育目标、大学教育目标、专业教育目标、课程教育目标等，既包括人才培养的质量要求，也包括人才培养的数量和结构要求。狭义的高校教育目标指社会对人才培养提出的质量和规格要求。所谓目标，本意是切近具体的含义，虽亦遵循这一原则，但实则介于两者之间。为此，对高校教育目标可以作出如下定义：高校教育目标是为满足社会和人类自身对高校教育的需求，推动预期教育目的实现的一种高校教育的导向标准。

高校教育目标并不等同于教育目的，达到高校教育目标，是过渡到教育目的的一种标志，高校教育目标是教育目的的具体体现。

（二）高校教育教学目标制订的依据

只有建立在反映客观规律上的目标才是可能实现的目标。同样，只有反映高校教育客观规律的高校教育目标才可能是正确的。因此，分析高校教育目标的依据首先应揭示和把握高校教育的基本规律。高校教育的基本规律：一是高校教育与社会政治、经济、文化等方面协调发展的规律，也就是高校教育与其他社会活动之间的本质关系；二是受教育者个体全面发展的规律，也就是高校教育内部培养高级专门人才活动中德、智、体之间的关系。由于这两条基本规律的作用，高校教育目标的依据表现在以下三个方面。

1. 社会发展需要高校教育教学目标的制订

高校教育的一条基本规律可以表述为：高校教育必须与社会发展相适应。因为社会是人类生活的环境、生存的空间，社会在向人提供必不可少的生存和发展条件的同时，也要求人们按照相应的社会规范来调节自己的行为方式；要求高校教育按照一定的社会发展需要来培养和塑造正在成长中的一代新人。高校教育目标就其本质来说，是培养各级各类专门人才。

在培养人才的层次结构等方面，也可以看到高校教育目标受到与社会相适应的规律制约的状况。在科学技术形成、发展并对社会产生作用时，工科大学和各种专科学院相继建立起来，突破了在此之前主要是培养文职人员、公职人员的模式和结构。高水平的专业技术人员、学者、科学家已成为推动社会前进不可缺少的力量。

2. 高校教育教学的受教育者个体发展需要高校教育目标的制订

高校教育的对象是身心正处于发展阶段的青年一代，是尚不成熟但正走向成熟的个体。因此，高校教育目标的制订，既要适应社会的客观需要，又要适应个体的身心发展需要。从高校教育目标来看，社会的需求和希望只有转化为个体内部的心理需要，并且与受教育者的生理、心理发展水平相吻合，引起身心发展的飞跃与质变，才能显示出社会需要的效能和教育过程的意义。高校教育的受教育者的身体发展，既包含自然成熟的因素，又包括培养训练的内容；既需要食物能量的新陈代谢，又需要体育运动的锻炼提高。同时，作为一个完整的个体，又有心理发展的需要。因此，高校教育目标的制订，既要有对身体素质发展要求的规定，又要有对心理素质发展要求的规定。

3. 社会发展与个体发展的现实需要和未来需要的辩证统一

教育目标是以往历史的承继和当下实践的起点。它扎根于过去而又指向着未来，因此，教育目标的制订是对过去经验、现在的要求和将来需要的整体统合。换言之，是对社会的现实需要、未来需要以及个体的现实需要、未来需要的综合概括。社会与个体的现实需要作为制订教育目标的出发点，首先表现在对人类已有的物质生活财富、精神生活财富和自身发展条件的利用和承接。如同五官感觉的形成是以往全部世界历史的产物一样，我们今天的社会也是以往社会发展的结果和继续，我们今天的教育目标，当然更应该扎根在已有的历史遗产之上。社会与个体的现实需要，具体体现为对当今社会的物质生活需要和精神生活需要作出及时准确的判断；对高校受教育者的身体发展需要和心理发展需要作出及时准确的判断。任何需要都是在一定生活条件下产生的，是对一定客观现实的反映，这种现实的反映连同过去的历史遗产一起，共同构成了制订教育目标的研究出发点，社会与个体的现实需要并不是静止不变的，而是随着客观存在的变化而变化，随着个体机能的发展而发展。只有正确地认识现实需要的稳定性与动态性，才能在保持教育目标相对稳定性的同时，根据社会需要与个体需要的变化，适时地充实、调整和变革教育目标。

（三）　高校教育教学目标与导向

1. 高校教育教学目标

（1）传授高水平的专业知识和技术

高校教育的目的是在一般的社会分工体制下，相应地传授具有各种功能、任务的专业知识和技术，从而达到满足社会需要的目的。

（2）高水平的一般教育

在高校教育中，应当采用像强化促进各种精神力量那样的方法进行传授，其目的不仅仅是培养专家，培养出有教养的人，也是培养学生的个性。即使在传授实际的技术、技能的情况下，只有培养应用于解决各种问题的一般能力才是健全的高校教育的目标。

2. 高校教育教学目标导向

科学教育是未来高校教育目标的基础，如果说 19 世纪被称为"科学世纪"，20 世纪被称为"科学技术世纪"，那么 21 世纪就是一个"高科技世纪"。现代科学技术正日益成为经济发展的决定性因素。

（1）科学教育是未来高校教育目标的基础

科学教育不仅要使学生掌握科学知识以及形成相应的能力，同时还要使学生形成科学的世界观、养成科学探索的精神以及了解科学事业。必须把"科学文化"（即把文化融会于科学、数学和技术之中）作为教育目标，为了实现计划中的目标，一是在每门学科的界限上，强调相互衔接；二是在课程细节上，将重点转到学习概念和思维技能上。

（2）人文教育是未来高校教育目标的导向

人文教育可以使人们了解世界，了解自己，了解人对社会的责任。这说明有了一种高尚的情感，有了一种对社会的高度责任感，有了对自我的正确认识，人类就可以减少对自然的掠夺和征服，加强对环境的保护和生态平衡。

"对生活质量的追求必然会发展到文化方面，因为文化即生活的尊严"，人们应该意识到，必须确立一个以科学主义为基础，以人文主义为方向的完整的教育目标观。科学力量的作用方向，却往往要取决于研究和利用它的人。因此，科学家乃至所有利用科学技术的人的道德面貌和人文觉悟是至关重要的。

（3）高校教育教学中科学教育与人文教育的整合

无论从理论还是从实际上看，科学教育与人文教育正在日趋融合，这一趋势代表了世界教育发展的方向。从前面的分析可以看出，科学教育和人文教育各有其合理的内核与现实价值。科学教育发展了人的智慧与知识，使人在征服、开发自然的过程中，体现自身的价值。人文教育重视人性的完善，努力提升人的道德精神价值，使人理解人生的意义和目的，它在更大程度上体现了教育的本质和根本目的。

从未来社会发展的需要和教育自身发展的规律来看，高校教育必须改变非此即彼的状况，达到科学教育与人文教育的整合。这里的"整合"，是借用科学中使用的概念，从字义上说，"整合"类似于有机结合，高校教育中的科学教育与人文教育的结合在本质上是指经过改造后的科学教育与人文教育的结合。

科学教育和人文教育的整合，既是高校教育发展的内在要求，也是社会对高校教育的客观要求。在现代，高校教育所承担的三大任务（传播高深学问、科学研究、为社会服务），只有通过科学教育与人文教育的结合方能得以实现。因此，从当今世界发展的现状、趋势及需求出发，必须坚持完整的教育，才能促进人与社会朝着符合人性的方向和谐、全面地发展。只有这两部分教育相互结合、相互渗透、相互制约，才可能是一种"完整的教育"。

科学的发展以及由此带来的物质进步在总体上有利于人文主义的发展，人文主义的进步也有利于科学朝着符合人性的方向发展。科学主义与人文主义能够而且必须融合，已逐渐成为人们的共识。21世纪是一个高科技与高情感相互融合的时代，科学与人文的结合将是21世纪的重要内容。当然，科学教育与人文教育的整合，决不是两种教育的简单相加，也不是一个简单的比例关系问题，而是在高层次上的结合。这种结合是人文教育和科学教育的有机整合，它力图使科学人文化，使人文建立在科学的基础之上，以人的全面发展为最高目标，而以科学教育的发展作为基础和实现目标的手段。

二、高校教育教学的类型

国家教育发展研究中心将我国高校教育分为四种类型。

（一）研究型大学

研究型大学的明显特征是学科综合性强，每年授予的博士学位数多，培养的人才层次为本科及本科以上，满足的是对高层次研究型人才和研究型成果的现代教育理念下的高阶教育教学管理需求，研究生至少占到 20% ~ 25%，每所学校每年授予博士学位数至少50 个。

（二）教学研究型大学

这类大学的教学层次以本科生、硕士生为主，个别行业性较强的专业可招收部分博士生。

（三）教学型本科院校

这类学校的主体是本科生，特殊情况下有少量的研究生或专科生。

（四）高等专科学校和高等职业学校

这类学校是高校教育在学校、专业设置上最为灵活的部分，主要是为了满足当地经济建设及社会发展的需要而设立的。

第二节　高校教育教学的重要意义

我国高校教育为现代化建设提供了智力资源和人才支持，为优化高校教育结构，提高教育效益奠定了坚实的基础，也为进一步加快发展高校教育提供了有利条件。

一、积极发展高校教育有利于扩大内需

拉动经济增长，完善经济结构，形成我国经济新的增长点以及扩大内需是我国一项长

期的、基本的财政政策。闲置资金同市场消费有机结合的关键在于找准居民的消费热点。据有关部门调查，当前人们储存资金的主要动机是子女教育（尤其是子女高等教育）。这充分说明，广大居民已经认识到教育投资在现代社会中的重要意义，高校教育作为一种产业已经为大多数居民接受，加快建立教育成本补偿与分担机制，扩大高校教育的人口，启动居民教育消费，这是一个潜力相当巨大的经济增长点。教育投资的收益远远高于其他投资行为，高校教育的发展还可以带动与教育相关联的造纸业、软件信息业、文化出版业、后勤服务业等第三产业的蓬勃发展，对拉动经济增长、完善经济结构也有着至关重要的作用。因此，大力发展高校教育，不仅符合我国的财政政策导向，而且对于拉动经济增长，保持经济持续、快速、健康发展都有着重要的意义。

二、积极发展高校教育有利于提高国民素质，适应国际竞争和知识经济的挑战

21世纪是一个知识经济时代，知识成为影响经济发展的关键性因素，与知识密切相关的教育，不仅承担着知识的学习、传播和再生产任务，而且承担着知识的"物化"和"人化"任务。人的素质的提高从本质上讲，就是一个接受教育的过程。同时，知识经济时代也是一个综合国力竞争的时代，国与国的竞争将主要是科技和人才的竞争。而高校教育就是通过高级人才培养与科技创新这两大任务的实现来达到提高国民素质，适应知识经济挑战的目的。

三、积极发展高校教育教学，有利于充分利用高校现有教育资源，提高教育效益

提高师生比主要通过两个渠道进行，一是减人增效；二是扩大高校招生规模。前者经过近几年的改革已基本完成，而后者正是将我国由人口大国转化为人才资源大国的必由之路，也可以使高校现有宝贵的人力资源得到充分利用。另外，高校的物资资源闲置情况比较普遍，高校的实验室利用率只有一半左右，图书馆、体育场（馆）等学生公共场所开放时间不足。如果能将以上两个方面的潜力发掘出来，合理配置和重组教育资源，不仅可以促进高校办学活力的发挥和教学质量的提高，而且全国至少可多招几十万学生。

四、积极发展高校教育教学，有利于基础教育向素质教育转轨

扩大高校教育的规模和种类，构建人才成长的"立交桥"，减缓升学压力，可以将基

础教育的教师和学生从分数中解放出来，为全面实施素质教育创造更为有利的条件。同时，加快高校教育的发展，也可以促进基础教育的发展。高校教育规模扩大，质量提高，基础教育的师资、学术水平、创新能力也会随之提高。高校教育规模扩大，使大部分学生接受高一级教育的不确定性减少，也可以充分调动他们学习的积极性，使学校和学生将主要精力放在素质的提高和创新能力的培养上。

发展是硬道理，但发展和改革也是密切相关的，要在改革中发展，在发展中改革，坚持规模、效益、结构、质量并重，在量的积累中追求质的裂变。这样，我国的高校教育一定能在现代化建设中发挥更为巨大的作用。

第三节 高校教育教学的原则

教学原则的确定受到很多因素的制约，制订教学原则比去了解、掌握教学原则更困难，具体制订教学原则时，必须从教学原则所处的位置、从它与教学范畴的关系中考虑它应满足的条件。也就是说，这个教学原则体系不只是让人感兴趣的，更重要的是合理的。一个原则是否是合理的，就需要有一个标准来衡量它，即教学原则体系必须要具备一定的条件，我们才能说这个教学原则体系是科学合理的。

一、教学原则的必要性

教学规律、教学原则与教学方法的研究分属三种不同的研究范畴。对教学规律的研究属于基础性研究，一般教师均应有所了解，优秀的教师则要了解得更多。养成经常思考、总结教学规律的习惯，这是使教学工作者具备一定的理论修养所必须养成的习惯。关于教学原则的提出与制订及相关的研究属于应用性研究，在参照教学规律的前提下，我们要进一步去思考教学目的及教学原则的问题。虽然有国家、政府提出的教学目的，但身为处在教学中的教师不等于自己不需要去思考更符合实际情况的、更有个性的教学目的，并要研究与教学目的有关的教学原则，这可以进一步提高自己教学的自觉性、积极性，提高教学水平与质量。

作为一般教师，有必要做开发性研究，即要思考教学方法的问题，要结合自己的教学实际和理论水平做教学方法的研究，这是毫无疑义的。对教学规律的把握和遵循，也是大家所认可的，那还需不需要了解一些应用原则以及一般原理呢？从理论上来说，对教学原则了解得越多越细，对他们进行教学方法研究越有利，至少要有一些基本的了解。因为，教学原则是对教学方法的抽象描述，对教学方法具有指导作用，这正如解决问题的思路，了解思路比了解一个具体问题的解决过程对于问题的解决意义更为重大。而了解越为透彻，越有利于迁移。

从实践上来说，在对教学方法的深入思考过程中，极有可能会出现某种升华，会无意识地思考到原则上来。这本就是一个自然的过程，用理论观照下的经验，经过了理论自觉，会更具有概括性和抽象性。在实际生活中，我们可以看到，那些特别注重教学方法、特别有教学经验的，往往能说出几条作为他们思考的结果，他们并不一定叫作原则的而实为教学原则的条文。这些都是他们反复实践、反复思考的成果，也必然不同程度地影响着他们的教学实践。

每个教师都应该对教学规律有所了解，甚至应该要准确地把握，这样才不至于使自己的教学活动偏离教学规律。但有的观点认为只要有了规律，就用不着再用原则来加以强调，这是把事情过于简单化了。就像有了哲学原理，还要研究教育哲学原理、自然哲学原理、政治哲学原理；有了牛顿三大定律，我们还需要进行应用研究才能来造火箭、盖房子一样，有了对教学规律的基础性研究，要进入教学方法的开发性研究，我们还必须要有教学原则这一应用性研究。如果去掉了教学原则研究，就犹如去掉了从基础通向开发的通道，去掉了让规律更好地发挥指导作用的必要环节。

正如我们在前面所说的那样，教学原则是处于教学规律与教学方法之间的事物，无论是有意无意的，都是无可避免的，只是有的教师没有理论上的自觉，让这些宝贵的资源流失了。因此，作为一个具有较深教育理论水平的大学教师来说，应当要多一份理论思考的自觉，把握教学规律，从对教学方法的思考、研究中获得理论升华，不断地思考教学原则，走向理论和实践的成熟。

二、教学原则体系的标准

教学理论工作者，都在思考着教学原则，提出了各种不同的教学原则，这些教学原则对教学方法的选择，对教学实践活动的开展起着指导作用。不同的教学原则会带来不同的教学理念，影响教学活动的效果，因此，对于教学原则我们也应该进行必要的审视。也就是说，原则本是一个标准，一个要求，但也要有评价它的标准，还要看这些对教学的基本要求构成的体系还需要满足一些什么样的条件。有学者在对众多的教学原则体系进行了系统的思考和分析之后，提出了科学的教学原则体系应该具备的标准。

（一）科学性或兼容性

教学原则体系的科学性指整个教学原则体系中不能存在相冲突的地方，整个原则体系不能违背教学规律，而每条原则之间、原则本身的内容都不能有相悖的地方。具体地说，科学性对教学原则的要求如下。

1. 任何一条原则都不能与教学规律或原理相冲突

任何一条原则都必须与规律或原理中的任何一个方面相容（包括由原则演绎出来的附属条文也必须与之相容）。这应当是对一个教学原则体系最基本的要求，正如人类的任何行为都必须处于规律的约束之下一样，教学原则作为教学规律的体现，作为对教学方法及教学行为起指导作用的东西，更应该先将自己置于教学规律的指引之下，以教学规律来反观每一个条文，以使它达到科学性的要求。

2. 每一条原则都必须与其他的原则兼容

教学原则体系是由一条条原则所构成的，它们之间的和谐共存，是整个原则体系有效的保证。

3. 每一条原则自身也不能包含相悖的内容

不能包含相悖的内容，即与自身蕴含的因素相容，这是从最微观的角度对每一条原则的审视。对教学原则体系的科学性的具体要求体现了从整体到部分的关注，注意宏观到中观再到微观的每一个层面，从这三个方面逐一去分析原则体系，其科学性也就得到了保证。

（二）完备性

完备是教学原则体系的另一个重要的特点。所谓完备性，从字面上来看，就是指某个教学原则体系包含教学的每个方面，这是比较高的要求，但又是必须达到的要求。具体来说，还可以从两个方面来进行解释：①它充分体现了教学目的，也就是按此原则体系去做，能够比较完整地实现教学目的；②它对教学内容的选择、调整，对教学方法的取舍、设计，对教学评价的运行等教学的基本环节，都能起指导或是指引作用。

完备性的特点，说起来比较简单，但要真正去确定某个教学原则体系是否达到了此要求，却并不是一件容易的事。原则都是对教学的基本要求，有的甚至只是一些最基本的要求，能否达到应有的覆盖面，检验起来确实有不少的困难。不能单凭条目的多少来确定，而是要看它所涵盖的内容是否达到了前述的要求。

（三）独立性

教学原则体系应该有一个独立性的要求，即各条文之间不交叉、不重叠，更不要有包含关系。被包含的条文可在讲述包含它的条文时予以解释，但不宜作为独立的条文与包含它的条文并列，而可以将之作为其子原则。可以在基本完备的原则之下，再进一步研究这些原则的子原则而不用将子原则与母原则并列。如有的教学原则体系既有"理论联系实际"的原则，又有"直观性"原则，这两条原则就不是相对独立的。所谓直观性原则就是要求对于较为抽象的、理论性较强的知识尽可能运用直观的、比较接近实际的材料来加以解说或阐释，这基本上是理论联系实际的一种具体形态，也就是说，直观性原则包含于理论联系实际的原则中。

教学原则体系中的五条原则：直观性原则、巩固性原则、系统性原则、量力性原则、自觉性原则，彼此之间明显地相对独立，具备独立性的条件。一个教学原则体系应该同时具有兼容性、完备性、独立性，但这却是件不容易的事，其困难之处在于：①使兼容性得到满足的关键在于对教学过程和教学规律有透彻的了解。②仅仅是不违背规律是不够的，还需充分体现教学目的。所谓充分，包括经由原则可以达到更积极的目的，达到现存的关于目的陈述尚未包含的目的方面，即它不完全受制于现有目的的视野，它具有相对于目的的能动的一面。③对独立性的判断较易，对兼容性的判断较难，对完备性的判断更难。因而，具体拟订教学原则体系时，也就可能遇到相应的困难。虽然存在困难，但在制订原则体系时还是要做到对每一特点的满足。

（四）简练性

对原则体系简练性的要求，会涉及数量上的问题，但又不会只是个数量问题。所谓简练性标准的要求，是指过于一般化的要求不宜列入体系之中；过于具体化的要求也不宜列入体系中，即过泛与过窄者都不能列入。

从内容要求上来说，我们提出的是教学原则，就不能将一般的哲学原理、政治原则直接引入，要保持教学原则自己的教学个性。还有也不宜把口述与手势相配合、语调与表情相协调等具体的教学方法列入教学原则，这只是用例子来说明原则体系如何达到简练性的要求。

三、高校教育教学原则体系

原则体系建立在对教学的不同理解的基础上，不同时期，甚至是同一时期的学者对教学的理解都不尽相同，因而也就提出了彼此不相同的原则体系。如对中国教学影响最大的凯洛夫的原则体系，这一原则体系长期以来为我国的教师和学者认同，并以它来指导我们的教学。影响较大的还有布卢姆建立在其提出的教学目标分类基础上的教学原则体系，与凯洛夫原则有较大差别的布鲁纳教学原则体系，其最具特色的地方就是注意到了学生的学习动机，这是我国教育界需要重视的结构原则。

（一）知识结构合理原则

知识结构合理原则具体来说就是以专业知识为主体，人文、科学、社会三大类知识合理构成的原则。以专业知识为主体，是指高校教育教学与中小学在培养目标上有所不同，中小学是一种"通才"教育，但高校教育教学在更大程度上需要学生有所侧重。高校教育教学的一个特征就是专业性，要培养专门人才，以培养出在某一方面或某一领域有所特长或能有突出成就的人才。毕竟人的精力是有限的，高校教育建立在中小学阶段的"通才"教育的基础上，建立在掌握了较宽知识面的基础上，学生可以根据自己的兴趣、特长去选择自己的课程，有所放弃，才能有所专长。

世界是由自然界、人文世界、社会界组成的，自然科学、人文科学、社会科学分别是研究各自领域的学科，自然（科学）知识、人文知识、社会知识正是三者的研究成果，三者在知识结构中的不同形成了不同的教育观。在历史上曾出现过科学主义、人本主义、社本主义的教育观。科学主义教育观即以自然科学为本，主要突出科学技术知识在课程与教学中的主导地位，科学课程在教学中占有至高无上的地位。人本主义强调了人在教育中的主导地位，并以人文课程为主对学生进行教育。社本主义主要突出社会课程在课程与教学中的地位，强调社会在教学中的主导地位。这一教育观在我国存在的时间最长，对人们思想的影响也最大。从科学主义、人本主义、社本主义存在的时间和地位，我们可以看出，强调任何一方面，忽视其他方面都会造成教育发展单一化，因此，我们要考虑科学、人文、社会三大类知识在学生的知识结构中的合理构成。

在中学阶段，数理化课程，是讲物质科学（或自然科学）的，政治和历史是讲人文科学的，科学社会主义常识等课程，是讲社会科学的。中学课程的三大块代表了三大类知识，它是合理的。高校教育课程因专业化而发生很大的变化，但这种变化也不是要彻底改变这一基本构成而形成单一的课程结构，而是应当寻求在新的培养目标下更合适的知识结构，或者说更高水平下的合理结构。

一些高校将学生的专业选择放在了大学的前两年之后，前两年的学习仍然保持了"通才"教育的特征，但"通才"的性质并不等于合理的知识结构的问题自然就解决了。高校不仅要向学生提供广泛的课程，以使学生有自由选择的可能，而且还要引导学生在自由选择时关注知识结构，必要的时候，也可以对这种自由选择加以一定的指导和限制，以使知识结构的合理性得到保证，同时要向学生说明这种限制是对他们有利的。

很多高校之所以忽视人文课程，是因为他们觉得人文课程的知识在基础教育阶段就已经学习过了，在高校教育阶段没有再学习的必要了，应当把时间用于集中学习专业知识上，但这是对人文课程的误解。首先，高校教育阶段的发展特征使得学生有可能对人文知识产生新的感受。人的知识、能力和经验都是不断增长的，由此而产生的对生活的感受，对作品的感受力都在不断地发展，谁也不能说在某个时刻所形成的印象或达到的水平就是最高的了，就会停止而不会再发展了。其次，高校教育提供更为丰富的人文课程，能使学生在这一领域的学习更加个性化。最后，高校教育还可以结合不同的专业、不同的课程进行人文教育，对于大学生来说，也增添了一个思考人文、思索人生和世界的新视角。

不同专业、不同课程对人文知识的教学在要求上、原则上是应当没有区别的，都要贯彻人文精神，但在具体的学时上是可以有所不同的。自然科学类专业、社会科学类专业、人文科学类专业中人文课程的学分将有由少到多的差别，具体如何来分配，可以根据实际情况和不同的要求而区别对待。这正体现了以专业知识为主的合理的知识结构原则的精神，在强调人文知识教学的同时注意专业知识的教学。

科学知识在学生的知识结构中同样重要，科学技术在当今人类生活中具有重要意义和普遍意义，强调科学知识的重要性并不等同于科学主义。科学知识本身是没有任何偏向性的，只有将它的地位和作用无限放大的时候，才会造成科学主义。对科学知识的追求应当是无限的，在任何时候都不可停步，只有这样，才能推动社会的发展和进步。科学知识的教学，对于高校教育教学，更为实际的问题是：对于社会科学类专业的、人文科学类专业的学生要不要开设一定比例的科学课程？基础教育阶段已经学过数、理、化、生等课程，高校教育阶段还有必要再学吗？以下几个理由，可以说明高校教育里对科学知识的学习是必要的。首先，在高校里，由学校教授开设的科学技术课程，会在更高水平上、更广阔的视野下展示科学技术进展与成果。并且，教授们还会以他们在这一领域的研究和理解提供研究问题的角度和思路，这种科学思维的培养才是科学知识教学的真谛。其次，高校提供的广泛的科学课程，可使大学生改变中学时代的学习状态，喜欢幻想的会对广义相对论，或天体史、生命起源与奥秘等产生深厚的兴趣，他们有了更多的选择自由。最后，在选定了社会科学类或人文科学类专业之后，再接触科学知识，学生也会获得新的感受，这不仅是扩大了知识面之后的感受，而且也会有利于他们的专业学习，科学课程中的方法论就是可以启迪思维、可以借鉴的。

非自然科学类专业的大学生，到底需要修读多少的科学课程，这也可以根据课程的特点，或者学生能力发展的程度及需要而有所不同，最重要的是提供选课上的自由。

社会课程知识对于学生来说也是必要的，同样的，对社会课程知识的重视也不等同于社本主义，这也有一个度的问题。社会课程知识是关于社会现象的基本理论和知识，显然，不只是人文科学类专业的学生需要学习一些社会科学知识，自然科学类专业的学生也应当学一点社会科学知识。

贯彻这一原则，最为重要的是学校能够提供广泛的、高水平的课程，并有指导地让学生自由选择，以达到这样的目的。专业是必需的，但课程比专业更重要。人生靠学生自己去设计，但学校良好的课程设计能够帮助学生设计美好的人生。

（二）"授之以渔"原则

合理的知识结构体现在学校课程结构的合理上，这似乎是由学校来关注的，由教学管理机构来关注的，教师似乎只要按照安排好的课程上课就可以了，不需要对此进行关注。但知识结构的合理不只是一个课程结构的问题，与教师对教材的运用，与教师的教学本身密切相关。这就涉及我们所要提的第二个原则。"授之以渔"出自"授之以鱼，不如授之以渔"。"鱼"即具体的结论，"渔"是学习方法，是解决问题的思路。即在教学中教师主要讲述思路，教给学生学习的方法，使学生不只是熟记一些事实性的知识，而是在通过学习后，能自己进行独立思考，独立解决问题，做到举一反三，达到教是为了不教的目的。这对教师提出了更高的要求。

教师首先本身要有好的知识结构，其掌握的知识具有较强的综合性，这样他才会关注到学生的知识结构的问题，才会在教学中有意识地注意到知识的交叉、渗透，注意到要教给学生思路而非陈述性的知识。这个要求对于本身在交叉学科领域工作的教师来说问题不大，但并不是每个教师都是在交叉学科领域工作的，教师在教学中都应当注意学科的交叉。要做到交叉有一定的困难，特别是在大学学科、门类之间的交叉，难度更大，但为了学生知识结构的合理，教师也应当自觉去做。讲授科学课程的，可以通过科学自身演绎的历史来揭示附着于历史中的人文精神；讲授人文课程的，通过特定的人文视角来渗透科学的意义和方法。由此可以看出，教师在教学中通过自己的努力是可以做到的。

教师在讲授时注意学科的交叉，注意合理的知识结构，这是回答了"教什么"的问题，但我们仍需思考"如何教"的问题，即教师以何种方式来实现这个要求。

不仅是在学科交叉上面临的问题，在各学科内部也存在这样的问题，也就是说，在这样的课程教学中，大学教师主要应讲些什么，这是一个具有普遍性的问题。

与中小学主要教给学生事实性知识不同的是，高校教育教学主要教给学生的是思路，一些事实性的东西可以出现在课本中，但不应该出现在教师的讲述中。比如，"电磁波传递的速度与光速相等"这样的学生一时不太容易接受的事实，也不需要大学教师在讲授中专门交代。也就是，事实、现象，乃至某些概念、命题，都不是大学教师在课堂上应该讲授的内容。

由此，我们可以说大学教师在课堂上应该讲述这样的内容：①与学生容易看懂、读懂的内容相比，教师主要讲授那些学生不易懂的；②估计学生容易想到的，教师不讲或少讲，主要讲那些学生不易想到的；③书上有的，可以少讲或不讲，主要书上没有而又与主题密切相关的；④与已有的、现存的内容相比，着重讲教师自己是怎样考虑的，自己的见解如何，自己对问题是如何理解、如何去设计的，自己有什么猜测、有什么估计等。总之，重点讲自己的思路，把对问题的思考过程展现在学生面前。不着重于讲述事实、现象、现存的结论，不着重于静态的知识，而着重于过程、思路、鲜活的剖析，着重于动态的认知运动，是"授之以渔"这一原则的基本内涵。

（三）增强学生参与原则

教学过程是教与学相结合的过程，需要教师与学生的共同参与才能实现教学目的，达到最佳的教学效果。一般来说，只要有教学活动，均有学生参与。但问题是，他们在什么性质上参与？在多大程度上参与？教师讲，学生听；教师授，学生受，这也是参与，学生只是在倾听和接受意义下参与。甚至教师还可以让学生在没有兴趣，没有理解的情况下也不得不接受，这也是某种性质上的参与。人们也将其称为教学活动（有教，有学），然而，却是学生参与程度最低的一种教学活动。

增强学生参与的原则与贯彻前两个原则密切相关，当教师贯彻了"授之以渔"原则时，可以为学生留下更大的活动空间，课程中有些内容是学生自己去看、去读、去想了，当教师主要讲的是思路与过程时，可供学生琢磨的东西也就更多了，至于教师向学生提出的问题更是为学生留下了思索和想象的空间。贯彻"授之以渔"原则有利于增大学生参与的可能，有利于提高参与程度。但这只是"有利于"，还不是真正地提高，要切实提高学生参与教学过程的水平和程度，应当还要有专门的要求。因此，"增强学生参与"便应当成为大学教学的基本原则之一。只有尊重学生的主导地位，发挥出学生的主动性和自觉性，大学课堂上才能有思维的活跃和碰撞，下面我们将讨论学生应在哪些方面、以怎样的形式参与教学过程。

高校教育的课堂不再以教给学生现有的知识为目标，而是要激发出学生思维的活力，讨论这一教学方法在大学教学中是必要的。在这里，我们将它作为实现"增强学生参与"这一原则的途径加以说明。

1. 讨论

讨论这一形式的运用给我们纠正了对教学的这样一种错误的理解——教学只是教师教、学生学。也不应该只是教师讲、学生听，不应是单一的授受关系，而应该是双向互动的过程。虽然在一般情况下，教师知之较多，学生知之较少，然而，在不少的情况下，只有多少之分，而非有无之分。在古代即有"教学相长"之说，更不用说是信息渠道如此畅通的现在了，学生有更广泛的途径去接触大量的信息，在信息的占有上，不能绝对地说教师和学生谁多谁少。同时，在大学时期，学生思维的独立性更强，也更为全面和成熟。当教师讲述时，学生常可能有疑问，这是学生积极思考、参与到教学过程中的表现，教师应当提供给学生发问和质疑的机会。如果学生不发生任何疑问而长时间只有确信，这并非教学之成功。而如果他们有疑问却没有机会让他们表达出来，那便是一个不完整的教学，也是教师没有充分履行使命的教学。"学贵有疑"，大学生的学习更不应当止步于没有疑问，而应当在知之渐多的过程中产生越来越多的疑问，这才能有思维的发展，才能有所创新和提高，讨论的过程正是学生之间相互激发出灵感、提出问题和解决问题的过程。

教师与学生，学生与学生之间的讨论、交流应是双向的，如果没有交流，便没有良好的关系，也便没有深层次的理解，这都会影响到教学的效果。交流的双向性越强，教学效果就会越好。

因此，讨论可以实现学生在更高程度上的参与，使师生间增进交流，达成更深的理解，具有更好的教学效果。讨论可以有很多不同的实现方式，但在体现"增强学生参与"这一原则上却是相同的。

2. 评论

讨论可以是学生质疑、教师答疑，也可以是教师发问、学生议论，还可以是学生提出不同的思路、不同的观点、不同的设计。与讨论存在一定的差别的是评论，评论也是双方的，教师评论学生、学生评论教师的观点和思想，还可以有学生之间的相互评论。评论也是体现"增强学生参与"原则的一种方式。

评论可以体现在讨论当中，如在讨论过程中，教师对学生的点拨，对学生思想的引导，学生之间的互相评价及观点的不断补充，还有学生对教师所提出观点的不同意见及阐述，这些都可以叫作评论。但评论还不止于此，超出课堂之外，学生和教师都还可以有评论。如教师通过考核、考试等途径来评论学生，学生也以一定的形式去评论教师，学生有权利评论教师，教师有义务被评论，而且教师也应当经常接受学生的评论。因为，教学是教师与学生直接参与的活动，对于教师的教学活动及教学效果的好坏，学生是最具有发言权的，现在越来越多的高校都提高了对学生评论的重视，这是增强学生对教学活动的参与程度很有效的方式。

一般来说，特别是从一个长期过程来看，追求更高教学目标的教师是更受欢迎的。会不会有学生在某个特定的环节上产生波动而对教师反感，并作出不公正的评论呢？这种现象可能会存在，但事实证明，学生的群体性可以克服个体的偏差，以及评论的系统性可以克服一时的偏差，这些都保证了学生评论的基本准确。

3. 编制与选择

除了在课堂上及上课之后的讨论和评论可以增强学生的参与程度之外，在课程的编制和选择中也可以体现学生的主动性，使学生参与到整个教学活动之中。

学生可以通过评论和选择来影响课程编制，这种间接的方式在很多情况下是后发的。如果一位教师所开的课程很少甚至无人选择，这就说明了课程本身或是教师的教学存在着一定的问题；如果一门课程的开始就很少甚至无人选修，那这门课程开设的必要性就值得进一步研究。

因此，在课程的开发和编制中，要充分调动起学生的积极性，学生特别是知识经验丰富的学生，只要他们能活跃起来，特别是到了高年级或研究生阶段，他们是可以对课程乃至学校的办学思路提出看法的，这是一所高水平的学校希望而且应该提供机会办到的，由此使学生能在更高层次和更广的范围参与教学。总的来说，"增强学生参与"原则体现了学生的主体地位，能调动起学生学习的积极性和主动性，变被动地接受性学习为自主地学习，从而提高教学效果。因而，在教学中要不断地增大学生参与教学过程的力度，运用各种方式从多方面对学生的权利给予保障，使大学的课堂能真正成为学生的"学堂"。

（四）指导自由选择原则

自由是进行创造的前提，历史上任何的发明创造都是在自由的状态下完成的，自由是保障个性发展的条件，也是学生走向创造的必要条件。人的自由是社会的职责，也是社会进步的重要标志之一。从这方面来说，高校应是全社会中走在最前面的地方。

指导自由选择原则对高校及教师都提出了更高的要求，总的来说，学生应有的选择自由及高校所应提供给学生的自由选择可以分为以下几个方面。

1. 专业选择权

专业选择权是指学生要有自由选择所学习的专业的权利，这不仅包括在第一次选择专业时的自由，还包括了学生更换专业的自由（当然，这并不是绝对无条件的自由）。学校应有相关的换专业或是转专业的机制，当学生提出申请，并经过教师的评价，认为可以换的应当提供给学生选择的自由。同时，学校应当提供广泛的专业让学生有更多选择的自由。

2. 课程选择权

课程选择权是指学生在课程选择上有更多的自由，也就是学校能够提供更多的选修课，能满足学生能力发展的需要。如果一所大学向学生提供的必修课占95%以上，那么，学生就基本上没有了课程选择权。学生的课程自由选择的权利到底应该有多大？如果学校的课程中完全自由选择的占1/3，半自由选择（指限制在一定范围内的选择）占1/3，那么，就可以说自由选择的比例占了一半左右。自由与一定范围的限制密切相关，如果限制只涉及很小的范围，那获得的自由相对就更大。还有人数的限制问题，如果一门可供自由选择的课程只能容纳100名学生，却有300名学生想选，那么，许多学生也就没有了想选就选的自由了。这也应当是学校在设置课程时所要考虑的。当然，这不仅与学校有关，也与教师的能力和教学水平有关。如果每位教师只能开设一两门课程，那么，能开设的课程也就很有限，提供给学生的课程选择空间自然也就狭小。如果一个人能开五门课程，两百名教师就能开一千门课，那学生选择课程的自由也就大大增加了。

3. 教师选择权

教师选择权其实就是选择教师权，学生应有一定的自由选择教师的权利，这不仅保障了学生发展的自由，也可以促进教师不断提高自己的教学水平。

　　学生的教师选择权与课程选择权有一定的关系，喜欢哪位教师的讲授，他所开设的那门课程就很可能会更受欢迎，这给教师提出了更高的要求。在这种自由选择的机制下，教师要想获得学生的肯定和欢迎，就得不断地关注自己的教学，不断地了解学生的能力和兴趣，提高自己的教学水平。这就成了一个自觉的过程。

　　给学生提供选择教师的自由，也是对教师勇气和能力的极大考验，这也有利于教师的成长和提高，而并不是对教师自由的限制。教师明白和尊重学生的自由，就会更多地去走近学生，将更多的注意力放在对教学的研究上。

　　4. 活动选择权

　　学生的活动除了学习外，还有诸多的对学生的身心发展产生影响的活动，这些都是促进学生全面发展的重要因素。全面发展也就是个性发展、自由发展，学生更有自由选择活动以发展自己能力的权利。

　　事实上，面对一群学生，由于他们在知识构成、能力发展水平及个性上都会存在着较大的不同，所提供的研究题目应有不同的难度、不同侧面、不同性质的多个层次、多种类型，以满足不同学生的要求。同时，也要鼓励学生自拟题目去进行研究，这是提供给学生更大的自由，他们的主动性也会发挥得更为充分。同时，还应当为学生提供更多的学术报告，任学生自由选择，自由参加，这不仅保证了形式上的自由，也保证了学术研究上、精神上、个性发展上的自由。这仅说到的是学术活动，学校提供的应是比学术活动更为广泛的活动项目，如体育的、文化的、音乐的、绘画的……所提供的活动越多，学生自由选择的可能性越大，他们的欣喜也就越多，兴趣的培养和发展也就越广泛，个性的发展、能力的发展也就得到了保证。这可以算是学生对学校隐性课程的选择。

　　5. 自由评论权

　　学生的自由评论也与自由选择相关。作为学校的主体，作为学校氛围的直接感受者，作为教学活动的直接参与者，学生应当可以评论学校的教学思想、学校的学科建设、学校的师资状况等，他们的评论更应该得到学校的重视。学生越愿意评论，越有利于他们的选择；学生越自由参与评论，越有利于学校的教学建设。

　　学生的自由评论对学校和教师的发展提供了动力，就如前面所说的学生对教师的评论来说，当学生不明白教师之所授时，他们就很难准确评价教师，或者因为收效甚微而不太愿意评论，或者在评论中情绪起了重要的作用。而反过来说，如果教师的教学效果显著时，学生的评价也会趋于正常。学生的自由评论能从多方面促使教师的教学得到改善。

学生参与评论，就要学会评论，学生自由选择，就要学会选择。自由评论与选择既然需要学习，就需要指导。如果说对专业的选择学生可根据对未来就业的考虑及自己的兴趣去进行选择，具有一定的目的性和自觉性，那么学生对课程的选择也可以据此来进行。当课程繁多时，他们在选择时就会主要依照课程名称来进行，这样做的盲目性比较大，因此，就应同时有对学生选择专业和课程的指导，即使是对教师的评论也应有所指导。

第三章 高校教育教学创新理论

第一节 高校教育教学创新的缘由

高校教育教学思想观念具体通过人才观、质量观和效率观等来表现。

一、高校教育教学创新的由来

（一）培养人才观念的形成

高校教育的根本任务是培养人才，而人才培养的主要途径是教学活动。改革开放以来，确立了知识本位的高校教育思想观念，同时，教学和科研使命又在高等学校展开了地位之争，这使高校教育与成为教学和科研"两个中心"的发展轨迹渐行渐远。实际上，很多学校和教师更加重视深度高的科研工作，对教学工作重视不够，教师的教学职能发挥不够。

随着国家对人才培养质量的关注与重视，人们开始重新认识和反思高校教育教学和科研的关系，进而确立了教学在学校工作中的中心地位，无论什么类型的高校教育，首要任务是人才培养，科学研究也要肩负起人才培养职能。高校教师必须把教学放在第一位，切实履行教师的基本职责。

随着世界高校教育发展和科技、社会进步对人才培养规格新要求的不断提出，能力本位观点越来越受到重视，社会更需要提供知识全面、技能过关的高素质人才。这些对教学活动提出了新的要求：一方面是出于理论教学与实践教学的关系问题的考虑，既不能忽视理论教学又要加强实践实验教学；另一方面也是出于协调学校教育与社会教育的关系，既不能在学校教育与社会教育之间走极端，也不能过多增加学生的时间、经费、心理负担。于是，新的教学中心地位理论逐步得到丰富和发展，在校内强调理论教学与实验，在科研活动中培养学生能力，在校外加强实习、实训基地建设，建立产学研合作机制。

（二）　以专业教育为主的教育思想形成

一般认为，国际上高等教育大致有两种教学模式：一种是专才教育模式，学生在校学习时间较长，既打基础，又进行实践训练；另一种是通才教学模式，学生在校学习时间较短，主要是打基础，实践训练放到大学毕业以后。我国最先主要形成了专才教学模式。后来我们发现专才教育模式的许多问题，开始通才教育模式。同时，这两种模式自身又不断变化和交融。

以自由教育、人文教育、普通教育等形式出现的综合素质教育思想得以萌生，传统意义上的专门人才培养模式、观念逐渐被拓宽专业口径、增强"适应性"的呼声和"通识教育"的理念所取代，仅仅重视科学技术的"精、深、专"为"德才兼备""文理兼备"的人才目标所取代。随后，华中科技大学率先提出以人文素质教育为突破口，国家出台专门文件推进高校教育全面素质教育，并建立了一大批国家人文素质教育基地。人文素质教育并非只对理工科学生进行人文科学知识传授，而是对所有学生加强人文品格、人文精神的全面教育，是通识教育的具体体现。

（三）　终身学习和终身教育观念的形成

按照传统的职业教育观念，高校教育在教育序列中毫无疑问就是人一生的终结性教育活动。但由于世界科技发展的日新月异以及世界性社会工作的不断变化，由联合国教科文组织的系列报告引发，以素质教育思想为理论支撑的终身教育、终身学习观念逐渐渗透到高校教育领域，高校教育究竟是终结性教育还是基础性教育一时成为学术界的争论热点。特别是高校教育达到大众化甚至普及化程度之后，高校教育的基础性就更加突出，高校教育只能为学生未来成为科技人才，从事科技职业打下知识、能力和继续学习的基础，而不能为未来准备好所需的一切，因此，高校教育人才培养必须更加重视比较宽广的学科领域，比较扎实的基础知识，比较强的学习和研究能力，也必须为在职人员提供高校教育后继续学习的条件。

（四）以学生为本的个性化教学观念逐渐生成

一场世界性的学习革命，使高校教育教学模式也必须适应受教育群体的历史性变化，这是高校教育教学创新的直接指导原则和方向。具体有如下表现：由单纯地掌握知识转变为更加注重智力发展和能力培养；由单纯的专业知识和能力培养转变为同时注重拓宽知识面，培养具有包括外语能力、经管能力、交往能力等多种能力的复合型人才；由单纯注重统一的培养规格转变为同时注重发挥学生的多样化特长和学习潜力；由偏重于重视理论知识转变为同时注重实际知识，进一步强调理论与实践相结合等。

因材施教，促进人的全面发展是一条基本教育原则。为了突出学生在人才培养中的主体地位，在教学管理、教学环节、教学方式等方面也要将统一的、固定的人才模式变革为多样化、个性化的教学过程和教学形式。既努力拓宽专业口径又坚持按专业培养人才，既制订人才培养目标和基本规格又给予学生充分自由的发展，既坚持教学工作的计划性又给予学校、专业、教师和学生较大的灵活性。在教学管理上，推行学分制，实行选课、选专业等灵活的制度和政策。

二、高校教育教学的变化趋势

进入 21 世纪以来，随着我国高校教育大众化进程的不断推进，高校教育条件保障机制等方面遇到了难以预料的困难，由此引发的人才培养质量争议成为高校教育的热门话题。政府和高校教育回应这种社会争议的积极举动就是实施"高等学校教学质量与教学创新工程"，试图既改善高校教育的条件保障状况，又注重将物化的环境与条件转化为人才培养所必需的制度建设，不断推进教学思想观念创新。

（一）建立健全的教育观

健全的教育观具体表现在创新高校教育资源共享上，通过新教材和立体化教材建设、网络教育资源开发和共享平台建设，建设面向全国高校教育的精品课程和立体化教材的数字化资源中心，建成一批具有示范作用和服务功能的数字化学习中心，完善终身学习的支持服务体系，提升我国高校教育的质量和整体实力。这需要充分考虑提高教学质量的系统性和复杂性，确定一些具有基础性、全局性、引导性的创新突破口，引导高校教育教学创新的方向，实现高校教育规模、结构、质量和效益协调发展。同时，也需要调动政府、学校和社会各方面的力量，把发展高校教育的积极性引导到提高质量上来，充分利用各方面力量支持高校教育的发展，切实解决高校教育在提高质量方面的实际问题，为高校教育办学创造良好的外部环境。

（二）高校教育教学创新

高校教育教学创新与高校教育质量提高是一对永恒的话题，总体而言，我国高等教育教学创新在实践活动上可谓阵容庞大、气势恢宏，但在形式和内容上出彩不多。因此，在教学制度创新方面，要继续建立和完善教学评估制度、专业认证制度、高校教育基本状态数据发布制度等；在教学活动创新方面，不仅要落实"教授、名师要上课堂"，还要努力建设高水平教学团队。同时，应继续突出学生的主体地位，不断加大学生选课、选专业余地，通过学分制使学生学习的自主性、自我责任心进一步增强。还应通过各级各类大规模、高强度的教学研究与教学创新立项和成果奖励，推动教学方法创新的激励机制形成。

第二节　高校教育教学创新的思路

一、更新教学理念

（一）更新教育思想，确立实践教育教学理念

实践，是指将高校教育教学内容中的自然科学知识、人文知识、德育等各种理论知识教育，通过具体的系统实践来消化、固化、融合、升华。在实践中统一科学教育与人文教育，把实践育人贯穿人才培养的全过程，培养学生的实践能力和创新精神，提升个人人文素质和科学素质，达到完全与社会实际需要相符合。高校在校园文化建设中要建立一种新的激励机制，带动学生积极展开创新创业活动，并给予大力支持，全面推进实践教育。

（二）树立以生为本的教学理念

在教育教学中要体现出对学生主体地位的充分理解和尊重，对学生潜能的充分诱导和挖掘，对学生人格的充分培养和塑造，把学生的个人意愿、社会的人才需求、学校的积极引导有机结合起来，使学生在知识、能力、思想道德、身心健康等各方面得到均衡、全面的发展，从而促进学生成长成才。这一教学理念要充分贯彻到高校教学环节的各个方面。

在教学模式上，实施弹性教学计划，建立学分制、主辅修制，让学生有一定的选择权和支配权，可以自由支配属于自己的时间和空间，着力于学生创新能力和实践能力的培养；在教学目的上，要一切为了学生，为了学生的一切，为了一切学生。在教学方法上，要大力提倡"以学生为主体、教师为主导"的互动式教学方法，鼓励进行问题式、案例式、讨论式、情境式教学法，开展"启发、互动、探究式"的课堂教学实践，采取一系列措施，使教师由传统式知识传授型教学向现代式研究型教学转变，引导学生由被动接受型学习向研究型学习转变。

（三）灵活多样的教学组织形式

在教学组织的具体实施方面，应采取灵活多样的教学组织形式，而对传统教学方式进行创新，充分发挥学生的个性，对学生进行激发和引导，使学生经过探索研究而学会自主学习，使教学方式以传授知识向培养学生认知能力和全面素质的方向转变。转变以教师、课堂、书本为中心的教学局面，进行师生互动，展开专题讨论，鼓励自主探索与合作的学习方式，培养学生的探索精神与批判性思维；重视教学的创新性和学生个体间的差别指导，让学生在与教师的朝夕相处中耳濡目染，接受熏陶；以学生亲自动手实践为主，采取提供实践平台、鼓励学生积极参与科学研究实践课程创新的手段，增强教学活力，培养学生获取新知识、分析和解决问题、交流与合作的能力。

（四）制订均衡的高校教育资源配置政策

在重点大学和普通大学之间要实现教育资源配置的均衡。在建设和发展"双一流"大学的同时也要兼顾一般大学，着力改善一般大学的办学条件。还要针对目前不同区域间高校教育差距越来越大的现象，制订相应的区域高校教育政策，寻求不同教育资源在区域间配置的平衡，增强区域高校教育发展的动力。

科学合理的安排高校教育的学科专业布局，加强教学内容和课程体系创新。合理安排课程设置，高校的办学理念、专业与课程设置、教学模式要与社会需求相一致，培养与社会需求相符的人才。首先，在进行学科专业建设时依据"厚基础"原则构建培养本学科专业人才的基础知识、能力和素质结构。其次，在安排学科专业布局时要依据"宽口径"原则，拓宽学生的专业知识面，把专业设置从对口性向适应性改变，实行宽口径的专业教育，优化课程整体结构，拓宽专业课程交叉培养，提高教学质量，提高学生的综合素质，促进学生全面发展，为社会提供高素质人才。最后，高校要抓住自身特色，合理定位，遵循差异性原则，建设优势学科，避免模式单一，合理配置教育资源，促进教育公平，促进高校教育科学发展。

（五） 因材施教，树立以生为本的教学理念

因材施教，就是根据不同学生的个性特点来进行不同的教育活动，通过对差异性的辨析制订出适合其特点的教学计划。教育公平的实质不是使每一个学生都要获得同样的教育，而是使每个学生都获得"适合"自身的教育，这就是教育公平的"适合性"原则。我们要充分认识到学生是教育活动的主体，学生是发展的独立的人，每个学生都有自己独特的个性，我们要做到在设定教学目标、教学模式、教学内容以及教学方法等方面坚持以生为本的教学理念，尊重学生的主体地位，充分挖掘学生的潜能，使学生的个性得到充分发展，塑造学生的健全人格，促进学生的全面发展，促进教育公平的实现。

（六） 构建高校教育教学质量保证体系

高校教育教学的质量直接影响着人的全面发展，最终影响经济社会的发展，我们要依据相应的政策法规建立高校教育教学质量保证体系，规范学科专业建设，避免重复建设和教育资源浪费，构建独立的有权威性的高校教育教学质量评估机构，加强对高校教育教学质量的监督，完善高校教育教学评估政策，充分发挥社会的监督作用，对高校教育教学质量进行监督。

二、办学特色的形成

办学特色的形成如下。

第一，教育教学创新，培育办学特色。一所有特色的高校必定拥有自己独特的教育思想和教育教学方式，这种教育思想和教育教学方式能够在特定的时空环境下，指导高校在办学发展过程中的办学思想和办学理念，并能适应时代和社会对教育和人才培养的要求，符合教育思想和教育教学的创新要求，符合教育创新发展和社会进步的一般规律，能够促进教育发展、人的全面发展及人才培养过程的优化。教育教学的创新必将带来教育思想的转变，先进的教育思想必将促进先进办学思想的付诸实践，这些先进办学思想包括新的办学目标、办学模式的定位标准。

第二，构建学科特色，促成办学特色。学科特色建设是促进高校办学特色形成的关键所在。学科建设作为高校培育人才、科学研究和服务社会三大职能的具体承担者，它的建设和发展水平对高校的人才培养、科学研究、专业建设和师资队伍等方面有着重要影响，对高校办学特色的形成有着强有力的支撑作用，并决定着学校的服务能力和水平及办学层

次的高低。学科特色是高校办学特色中的标志性特色，是构成高校教育核心竞争力的主要部分。学科特色，一是指特色学科，指某一特定的学科特色；二是指学科结构体系特色，指由几个特色学科共同组成的学科特色。特色学科是学科特色发展的基础，学科结构体系特色是学科特色的扩展，真正的特色学科具有不可替代性，是难以被模仿和复制的。

高校在学科建设上不能求"大"、求"全"、求"新"，而要求"精""尖"，要因校制宜地构建优势学科，发挥优势学科所附带的"品牌"效应，形成办学特色。一位科学家曾经说过，世界上地位上升很快的学校，都是首先在一两个学科领域有所突破，而不可能在各个领域同时突破，达到世界一流。学校要全力支持最优秀的学科，要有先有后，把优势学科变成全世界最好的，其他学科也就会自然而然地提升上来。所以从某种意义上来讲，一所高校的学科优势所在，也就是这所大学的办学特色所在。

第三，发扬高校精神，形成办学特色。高校应该是思想自由、学术自由，培养人、完善人，追求学术真理的地方。高校精神就是在学校里做学问的心理状态和文化立场。高校精神是一所学校内所有成员在长期办学实践中共同创造、传承、逐步发展起来的，被学校所有成员共同认同而形成的一种精神理念，它反映了一所学校的历史文化传统以及面貌状态，是学校的精神信念和意志品质的准确表达，是学校独特气质的精神形式和文化成果的表现，也是学校所有成员的精神支柱。高校精神犹如个人的品格，是高校最为核心和高度抽象的价值追求和行为规范，决定着高校的行为方式和高校发展的方向，是高校存在和发展的基石，是高校的灵魂和本质之所在。高校精神是高校保持永久活力的源泉，是高校优良传统文化的结晶，是高校在长期教育实践中积淀下来的最具典型意义的精神象征，体现了高校所有的群体心理定势和精神状态，展现了高校的整体面貌、风格、水平、凝聚力、感召力、生命力，最终凝聚形成独有的办学特色。高校的办学理念以及办学实践应该有利于高校精神的形成和发展，并使之形成一种特色教育，经久不衰。

三、推进师资队伍建设

逐步取消高校行政级别，精简高校管理机构，压缩行政费用开支，使教师真正在高校中处于主导地位，同时进行师资队伍建设。百年大计，教育为本；教育大计，教师为本。教师重要，就在于教师的工作是塑造灵魂、塑造生命、塑造人的工作。一个人遇到好老师是人生的幸运，一个学校拥有好老师是学校的光荣，一个民族源源不断涌现出一批又一批好老师则是民族的希望。国家繁荣、民族振兴、教育发展，需要我们大力培养造就一支师德高尚、业务精湛、结构合理、充满活力的高素质专业化教师队伍，需要涌现一大批好老师。

（一）优化高校师资队伍结构

高校师资队伍的结构内容主要包括教师的学历、职称、年龄这几个方面，它可以直观地反映出教师队伍的质量、能力和学术水平的一些基本情况。

这些年来，我国陆续实施了"高层次创造性人才工程""高校青年教师奖""骨干教师资助计划""硕士课程进修"等多项高级资质队伍建设工程。我们要继续加大对骨干教师和优秀学科带头人的引进力度，强化高层次带头人队伍建设。对于高职称的学科、学术带头人、紧缺专业人才要给予一定的政策倾斜，根据学科发展的目标，有目的地吸引高层次人才，以确保高校师资队伍的职称结构比例合理。还要通过有效措施引进高学历人才，提高师资队伍的学历层次。加强本校优秀人才的培养，吸纳来自不同地区和高校的人才，引进与培养相结合，推动人才与资源的有效整合，以利于各学科专业教师整体结构的优化，最终促进高校师资队伍结构的协调发展。

（二）提高高校教师综合素质

高校师资队伍建设是高校教育教学创新发展的基石，它直接关系着高校教学质量的提高与否。高校教育的快速发展对高校教师的教育教学思想、知识结构、教学方法等提出了更高层次的要求，要求教师具有熟练应用现代信息技术和现代教育手段的能力，教学与科研的创新能力，理论联系实际的能力，将知识服务于社会的能力以及良好的社会交往能力。要建设这样一支学术过硬、综合素质较高的教师队伍，我国的高校教育师资队伍建设任重而道远。提高高校师资队伍的综合素质要把师德建设放在首位。师德建设是师资队伍建设的基础，不断加强师德建设，是全面贯彻党的教育方针政策的根本保证，是培养德才兼备的高素质的社会主义建设者和接班人的必然要求。在高校师资队伍建设中要遵循"以人为本"的原则，牢固树立"师德兴则教育兴、教育兴则民族兴"的爱国主义教育教学意识，要求教师不断更新观念，用现代教育思想充实自我、完善自我，推进高校师资队伍建设，建设一支为人师表、作风优良、爱岗敬业、治学严谨、教学科研能力强、与时俱进的高素质教师队伍。

提高高校师资队伍的综合素质要注重教师教学素质的培养。教学是培养人才的直接途径，也是高校的主要工作，教师是教学的实施主体，培养教师的教学科研能力是提高教师教学水平的主要途径。要改变过去只注重学历的提高而忽视教育教学能力培养的状况，既要注重教师专业学术水平的提高，也要重视教师教学水平的提高。要求教师掌握教育教学理论、教学方法以及教学规律，增强教师提高教育教学水平的积极性和自觉性。还要加强教师对科研工作的重视，为教师提供进行科研创新的条件，提高高校师资队伍的科研能力、学术水平和教师职业化水平。以"特色专业、精品课程"建设和聘任重点学科带头人为龙头，加强重点学科带头人、学术带头人、学术骨干队伍建设，在部分学科领域形成独具特色的人才群体，致力于学术骨干和教学骨干的培养，带动师资队伍整体水平的提高。

总之，我们要把高校师资队伍看作一个整体，通过多种方式提高教师的专业理论学术水平、教育教学能力、科学研究能力以及科学文化素养，全面提升这支队伍的教育教学功能、团队协作功能、科研开发功能及社会服务功能，使教师掌握先进的教学、科研方法，具有崇尚科学、勇于创新的开拓精神，具有为高校教育事业不懈追求的精神。培养一支具有良好的职业道德、较强的教学科研能力和充满活力的高素质师资队伍。促进高校教育教学质量和水平的提高，促进师资队伍建设的良性循环，促进我国高校教育教学创新，为高校教育创新的跨越式发展奠定基础。

四、创新课程体系及教学内容

（一）课程体系创新

首先要优化和调整学科专业课程结构，因材施教，分层次教学、分类别培养，同时进行主辅修、双学位、定向培养、中外合作办学等多样化的人才培养模式，在满足不同基础学生学习的需求和发展需要的同时也能促进人才培养质量的提升；其次，在课程结构上，打破传统的单一课程结构类型，即分科课程、国家（或地方）课程、必修课程，重新调整课程结构，优化课程体系。综合课程、必修课程和选修课程都要各自占有一定的比例，以"本科规格＋实践技能"为特征，重视学生的个别差异，坚持四个结合，即理论与实践、人文教育与专业课程教学、课内与课外、校内与校外相结合，构建一种合理的适合学生发展的课程体系，最终培养学生具备两个方面的素质——文化素质与创新素质，提高四个方面的技能——基本技能、通用技能、专业技能、综合技能。

在高校基础课程教育上，构建综合基础教育体系，所有学科专业都进行国防教育、人文教育、自然科学基础、德育实践等基础知识培训。要构建综合实践体系，搭建公共实践平台，包括专业实验、实习、设计、毕业设计（论文）、德育实践、科技文化实践、创新实践等。还要构建学生实践能力考核体系，对学生的综合实践能力进行考核，进行"创新课程"研究，夯实理论基础。创新课程所依据的理论基础由心理学扩展为社会学、经济学、文化学、政治学和生态学等更具包容性的学科领域。创新不仅包括首次创造，也包括对他人所创造出来的成果的重新认识、重新组合和设计应用。

创新课程并不是以学科的方式向学生传授一整套如何创新的知识、方法和策略，也不是以学生获取学科知识为中心，而是以综合实践的方式为学生提供相对独立的、有计划的进行研究性学习、设计性学习、体验性学习、实践性学习、反思性学习和生活性学习的学习机会，让学生从自己的现实社会生活中自主选择研究课题并通过对开放性、社会性、综合性和实践性问题的探究，形成自己独特的学习方式，培养学生的创新精神、探究能力、开放性思维、社会实践能力和社会责任感。同时，创新课程也是一种创新性理念，指在一种课程开发与实施的过程中除了独立的综合实践课程之外，原有的所有课程科目在具体实践中都要设置一些必要的干扰性因素，并通过课程内容的复杂性、模糊性来增加课程的难度，以培养学生的探究能力。

（二）教学内容创新

遵循"厚基础、宽口径、强能力、重质量"的复合型人才培养原则，重新规划和设计教学内容与课程体系。改变过去只在专业学科范围内设置专业课、专业基础课、基础课的"三级"课程编排方式，构建专业必修、专业选修、学科必修、公共必修、公共选修五大课程体系，对教学内容与课程体系进行重新规划和设计。按照学科专业普遍大类平行设计学科专业类课程、新公共基础课程、文化素质教育课程和实践性教学课程等较大教学课程内容体系，增加选修课，减少必修课，对公共课进行分级分类教学。

厚基础，就是使学生熟练地掌握各个学科专业的基础理论、基础知识、基本技能，并能扎实地运用到实践中去，确保学生知识基础牢固，强化学生基础知识体系，打造精品课程。进一步加强学生基础理论、基础知识、基本技能和基本方法的学习与实践，进行优秀主干课程建设和基地品牌课程建设，重点建设基础较好、适应面广的学科专业基础课、主干课和专业课，使之达到国家精品课程建设标准。

宽口径，就是拓宽学生的专业知识面，把专业设置从对口性向适应性改变，实行宽口径的专业教育，提高学生的综合素质，为社会提供高素质人才。在课程体系建设上，优化课程整体结构，拓宽专业课程交叉培养，提高知识质量，加强学生文化素质教育。在"公共必修"课程之上可以设置"学科必修"课程，按照分类搭建课程平台，注重文理交叉，在课程体系中设置跨专业课程，强化专业渗透，为学生的宽口径发展搭建学科基础平台。

优化学生知识结构，让学生根据自己的专业特长、兴趣爱好和发展趋向自由选择，进一步拓宽专业口径，培养学生综合素质。

强能力、重质量就是从促进学生全面发展、提高学生综合素质出发，以分析、模拟等基本形式展开实践教学，加强课堂内外的实践教学环节，并通过组织社会实践、社团活动、专业实习等实践活动培养学生的务实能力、操作能力，注重学生的人格塑造，充分挖掘学生的潜能，注重培养学生"从一般到个别"的解决能力，着重训练学生"从个别到一般"的调查分析能力，帮助学生养成可行性分析的良好思维习惯，使培养出的学生具备强能力、高质量。

（三）注重实践教学创新

针对我国高校教育教学创新中出现的各种状况，中央财政投入大量的资金支持"质量工程"建设。指出要重点落实实践环节，拓宽高校学生校外实习、实践渠道，与社会、行业以及企事业单位共同建设实习、实践教学基地，力求提高高校学生的实践能力。对学生进行实践教育，并多方面采取各种有效措施，确保学生专业实践和毕业实习的时间和质量，把教育教学与社会实践紧密地结合起来。

开展实践教学，要求学校通过开拓各种有效途径为学生搭建实践平台，建立一批相对稳固的课内外学生实习和实践基地，并积极组织学生进行社会实践、调研、实习等活动，逐步培养高校学生的敬业精神，培养他们艰苦奋斗的精神和坚韧不拔的意志，有计划、有目的地推动大学生自觉自愿地加强职业道德素养。逐步培养学生的实践创新能力，积极支持学生创新创业活动，致力于学生创新素质的发掘和培养。创新素质主要包括创新意识、创新精神、创新能力等三个层面的内容。在一个创新型国家的建设进程中，这种全新的创新素质正逐渐成为学生在就业市场竞争中的核心竞争力。

五、教学模式和方法创新

人才的培养是一个复杂的系统工程，必须不断探索其内在的规律，摈弃不合理的教学模式，认真细致地研究教学，研究其内在的多重因素：教学理念、教学内容、教学方法、教学模式等，从而掌握教学的规律。因此我们提出了"教学民主"的教学观念，对传统的教学模式进行创新，开创研究性教学、开放性教学和互动性教学等一些能够体现"教学民主"的经典的教学模式，充分突出学生的主体性地位，激发学生的主动参与意识，开发学生的学习潜能，创设民主、和谐的学习氛围，指导学生学会学习，在教学中建立一种和谐的师生关系，充分调动学生学习的自发性和积极性，促进学生全面发展。

（一）推广研究性教学，培养学生的创新意识

教学从知识传递向注重能力培养的转变，必然要求教学方式方法的变革，推进研究性教学正是深化教学创新的重要路径，也是研究型大学人才培养的一个基本特征。研究性教学是一种将教师自身的研究思想、方法和最新成果引入教学过程的教学模式。通过研究性教学，使教学建立在科研基础上，科研促进教学的提高，教学与科研互动并向学生开放，从而引导学生在参与教学过程中步入科研前沿，激发学生主动思考、主动探索、主动实践的创新意识。

第一，研究性学习的过程，是情感活动的过程。通过让学生自发地参与探究性学习活动，获得亲身体验，逐步形成一种在日常生活和学习中勇于探索、努力求知的良好习惯，从而激发探索和创新的积极欲望。

第二，研究性学习的过程，就是一个探索的过程，在一个相对开放的环境中寻找问题和探讨解决问题的过程。通过这一过程，可以培养学生的思维能力，培养学生发掘和解决问题的能力，对学生掌握一定的科学的学习方法，增强学生对资料的收集能力、分析能力、总结能力以及学会利用多种有效手段、多种途径获取信息都有积极的推动作用。

第三，研究性学习的过程是一个互动的学习过程。在这个互动的学习过程中离不开学生与团体、学生与学生之间的沟通与合作，可以说研究性学习为学生提供了一个人际沟通与合作的良好空间，为学生分享研究资料、学习信息、创意和研究成果以及发扬团队精神提供了一个很好的交流平台，培养学生学会合作、发现问题、克服困难、共同解决问题的能力。研究性学习的过程也是一个实践的过程，要求学生从实际出发、实事求是，尊重他人研究成果，严谨治学，积极进取。

第四，研究性学习的过程也是一个培养学生全面素质的过程。学习实践使学生加深了对科学的认知，了解了科学对自然、社会的积极意义与价值，懂得思考国家、社会、人类与世界共同进步、和谐发展的伟大命题。在培养学生的创造能力和实践能力之余，学习实践还促使学生形成积极的人生观、价值观。研究性学习过程也为学生提供了综合运用各门学科知识的机会，加深了学生对学过知识的重新记忆，培养学生的积极参与能力以及自主创新能力。

（二）推广开放性教学，培养学生的创新能力

开放性教学是为了鼓励学生主动积极地去探究知识规律，对传统教学过程中影响学生

发展的不合理因素进行创新，从而培养学生自主创新性学习能力的新型教学。开放性教学的主要思想理念在于以学生的发展为本，通过教学目标、教学方法、教学内容以及整个教学过程的开放，从传统的课堂教学走向开放式教学，充分发挥学生的主体作用，让学生自己掌握学习主动权，自己去探索、发现，培养学生的创新能力。在开放性教学中，教师不能仅仅拘泥于教材、教案的内容，要给学生提供充分发展的空间，创设有利于学生自主发展的开放式教学情境，根据学生的发展状况不断调整教学过程的每一个环节，激发学生学习的动力，促进学生在积极主动的探索过程中健康、全面、和谐地发展。开放性教学不只是一种教学方法、教学模式，它还是一种教学理念，它的根本目的是让学生的创新潜能得到充分发展，以开放的教学活动过程为路径，以最优教学效果为最终目标。

（三）开创互动性教学，提高教学质量

互动性教学就是在教学过程中充分发挥师生双方的主动性，师生之间相互交流、相互探讨，促进师生共同发展，最终优化教学效果共同完成教学目标的一种教学模式。互动性教学可以活跃课堂气氛，而且能够及时反馈学生的学习进度以及掌握知识的规律。互动性教学包括教与学的互动、教学理念的互动、心理的互动以及形象和情绪的互动等。互动性教学是一种富有生命力的创造性教学，有着现代性、互动性和启发性的特点。它要求教师按教学计划组织学生系统地有目的地学习，并要求教师按学生的发展要求有针对性地因材施教。它可以促进教师努力探索、学习，不断提高自己的专业水准和教学水平，同时激发学生学习的积极性，促进学生个性的发展，提高教学效果和效率，最终提高教学质量。互动性教学以学生为主体，以教师为主导。提倡师生平等的沟通、交流，让学生在没有压力的情况下轻松自由的学习，让学生参与教学计划、教学决策，有利于培养学生自觉学习和主动学习的能力以及创新学习的能力。

六、重视高校学生文化素质教育

学生文化素质教育是高校高质量人才培养的重要组成部分，是我国高校教育教学创新的一个重要方面，要将文化素质教育贯穿于高校教育的全过程，进而实现教育的整体优化，最终达到教书育人的目的。高校学生的基本素质包括文化素质（含思想道德素质）、专业素质和身体心理素质，其中文化素质是基础。文化是人们所创造出来的物质和精神的成果，是人的活动的对象化、物化，是人观念存在的形式，是超越个人的实物形态或观念形态。一种文化一旦被创造出来，就不再受时间、空间、个人的限制，就会被广泛地传播

和使用。文化素质，就是人们所拥有的所有文化知识内在的积淀，文化素质对于人们的人生观、价值观的形成具有基础性的决定作用，并最终成为行为的指导规范。同样，人们已有的人生观、价值观也会反作用于文化素质。提高学生素质教育，主要是指文化素质教育及创新精神、实践能力的培养。文化素质教育重点指人文素质教育，主要是通过对学生加强文学、历史、哲学、艺术等人文社会科学、自然科学方面的教育，提高全体学生的文化品位、审美情趣、人文素养和科学素质。

（一）　提高高校学生文化素质教育的目的和意义

国家要发展，经济是中心；经济要振兴，科技是关键；科技要进步，教育是基础。由此可见，教育在我国发展中的作用和地位，是重中之重。在发展过程中，需要主体——人，是有知识、有文化、有创造力的人，进行社会发展和变革，因此，发展最根本地又被归结为人的发展。高校教育，主要是培育有知识、有文化、创新型人才，高校教育能够产生新的科学知识、新的生产力。高校教育的三大职能之一是发展科学，高校教育在传输知识、培养人才的同时，亦创造新的科学理论。高校教育所培养的不同专业、不同层次的各种人才在社会生活各领域的作用，将直接、间接地影响全社会的可持续发展，可持续发展的教育观念即是应从全社会可持续发展的角度来审视教育的创新与发展。在高校教育中，我国已从办学体制、投资体制、管理体制、教育教学、招生就业、考试制度等方面进行了多层次的创新，已经逐步走上了一条可持续发展的新道路。当然这条道路并不平坦，在进行创新的过程中会有诸多的问题凸显出来，其中，提高高校学生文化素质教育，显得尤为重要。

（二）　观念变化对高校学生文化素质的影响

我们生活在一个急剧变革的社会转型时期，人们的生存方式和形态也随之发生了历史性的变化，这一变化深刻而广泛地改变了社会背景和机制，"价值观是人们对人和事的评价标准、评价原则和评价方法的观点的体系。它具体表现为信念、信仰、理想和追求等形态。一定的价值观反映着在一定生产关系条件下人们的利益需求，决定着人们的思想取向和行为选择。"在经济日益全球化的今天，经济的迅速发展，物质的极大丰富，也在影响着高校校园，高校学生作为最敏感的社会群体之一，其价值观也随之不断变化。当前经济发展、文化思潮、教育创新与媒体导向是影响大学生价值观变化的主要因素。

文化观是一个人对待文化的态度。我们要树立正确的文化观，合理对待外来文化，不一概排斥，但也绝不崇洋媚外。

（三）提高高校学生文化素质的途径

提高学生文化素质教育，必须将文化素质教育贯穿于高校教育的全过程，要求培养出的学生具备人文科学素质、自然科学素质，具有较强的综合能力，如观察分析能力，研究思考能力，语言、文字表达能力，决策能力，组织能力，处理复杂关系的能力以及应用计算机和现代信息技术进行学习、工作和生活的能力，从而实现教育过程的整体优化，最终达到教书育人的目的。提高学生文化素质，必须从以下几方面做起。

第一，提高学生文化素质教育，高等院校必须转变教育观念，必须进一步加大教育教学创新力度，建立科学的课程体系，创新教学内容和教学方法。首先，转变教育思想和更新教育观念。在教育过程中要注重对学生创新能力的培养，开发学生的潜力，让学生在受教育过程中享受到创新的乐趣，积极进取，把学生培养成为全面发展的人。其次，构建科学的课程体系，进行教学内容和课程体系创新，充分发挥以课堂教学为主体的导向作用。文化素质不能纯粹以自然的方式在现实生活中靠个体的感悟和体验来获得或提高，而是需要精心设计和安排，以科学而系统的课程体系为支撑，通过发挥课堂教学的主导作用，来实现学生文化素质教育的目。总的来说，要全面提高高校学生的科学素质与人文素养。在具体教学过程中，应强调人文与科学的自然渗透与融合，必须包括文、史、哲、自然科学等多学科门类的知识内容来构建多学科交叉的高校课程体系，为培养学生科学素质和人文素养提供广博而深厚的基础。强调课程体系的科学性，使学生通过各种必修课和选修课的学习，形成合理的知识结构和深厚的知识基础。

第二，提高学生文化素质教育，高等院校必须提高教师队伍质量，使教师的科学素质和人文素质全面提高。蔡元培曾指出，大学为纯粹研究学问之机关，不可视为养成资格之所，亦不可视为贩卖知识之所。学者当有研究学问之兴趣，尤当养成学问家之人格。因此必须推进高校师德师风建设。"师者，所以传道授业解惑也"，教育工作者是社会主义核心价值体系的宣传者和教育者，"身教重于言教"，教育工作者要发扬严于律己、以身作则、率先垂范的优良作风，自觉自愿地做到诚信、肯学、肯干，带头践行我们所提倡的道德标准、价值观念和理论要求，真正起到教育和带动广大学生的领头作用，只有这样，才能真正发挥和提高社会主义核心价值体系中教育工作的说服力、吸引力和感染力。

第三，提高学生文化素质教育，必须创新人才培养模式，把知识、能力和素质三者有机地结合起来，贯穿于高校教育的全过程。使高校学生在这三个方面获得和谐的同步的提高，以期造就出高素质的全面发展的人才。要使学生拥有良好的文化修养，不仅是传授文化知识，而且要教给他们获取知识的方法和技能，在获取知识的同时，让能力得到充分的发挥，个人素质得到充分提高，这才是教育创新的最终目的，这才是教育的真正目的。

除此之外，还要全社会的积极配合，媒体充分发挥积极正面的舆论导向作用，只有这样，培养出的学生才是全面发展的人，才会成为有益于社会、有益于人类的有价值的新型知识人才，才能继续推动教育创新，才能推进整个社会的可持续发展。

七、人力资源强国战略推动高校教育教学创新

实施人力资源强国战略，关键在于建设高校教育强国。进入 21 世纪，国家站在创新开放和加速社会主义现代化建设的高度，提出了实施人力资源强国战略的重大举措。当今世界，科技进步日新月异，国际竞争日趋激烈。特别是经历了历史上罕见的国际金融危机，各国纷纷调整发展战略，更加注重科技进步和创新驱动。当今世界的综合国力竞争，说到底是人才竞争，人才越来越成为推动经济社会发展的战略性资源，教育的基础性、先导性、全局性地位和作用更加突显。源源不断的人才资源是我国在激烈的国际竞争中的重要潜在力量和后发优势。

高校的职责就是为建设高校教育强国提供强有力的人才保障和科技支撑。当前我国高校教育已经实现了跨越式的发展，这使我国成为一个高校教育大国。要想建设成为一个人力资源强国，必须以人为本，从创新教育观念、突出高校办学特色、深化高校教育教学创新和完善体制等方面全面推进高校教育创新，才能将我国从人口大国建设成为人力资源强国。

我国必须在全面建设经济型社会的同时全面建设学习型社会，强化高校教育人力资本投资，使我国高校教育人力资源的结构更加合理、总量更加充足、质量更加提高、体系更加完善，最终带动全体人民的学习能力和就业能力的发展，提高人民的整体素质和综合能力，使我国从教育人口大国迈向人力资源强国。

第三节　高校教育教学创新的策略

一、树立终身教育的教学理念

终身教育、终身学习的思想是近代以来各国教育界乃至思想界的热门研究课题之一，

构建终身教育体系、创建学习型社会也逐渐成为联合国以及世界各国指导教育改革和社会发展的基本理念。终身教育论者认为教育具有时空的整体持续性。即教育与学习"时时都有，处处皆在"。传统教育往往将人的一生分割为三个时期，即学习期、工作期、退休期。终身教育则冲破传统教育的观念，认为教育应当包括人发展的各个阶段及各个方面的教育活动，既包括纵向的一个人从胎教开始直至死亡的各个不同发展阶段所受到的各级各类教育，也包括横向的从学校、家庭、社会等各个不同领域受到的教育。

要建立和完善终身教育体系。"终身教育将是教育发展与社会进步的共同要求""构建终身学习体系"。可见，终身教育、终身学习，已经成为我们的教育和社会理想，建立和完善终身教育体系，已成为我们义不容辞的职责。因此，要树立终身教育的教学理念，将各类教育形式有机结合，合理配置，创新高校教育的教学模式。高校教育要肩负起发展终身教育的重任，依据社会的发展，职业的需求搞好高校教育、岗位培训、知识更新教育和继续教育，尽可能满足社会和经济发展对于各种人才的要求。

强化开放办学的指导思想。我国高校教育由传统办学转为开放办学，一方面要大力发展远程教育和网络学校，采取"宽进严出"政策，向每一个人提供接受本、专科水平的高校教育。远程教育和网络学校由于不受时间和空间限制，更加适合各类在职人员的学习需要，必将部分取代传统高校教育的函授、夜校和自学考试的多种助学方式，成为21世纪高校教育发展的新生长点。另一方面要充分利用高等学员是社会主义经济建设当班人这个得天独厚的优势，与企业、社会建立更为密切的关系，把学校办成教学、科研和经济建设的联合体，提高高校教育在市场经济条件下的办学效益和造血功能，使高校教育在自身发展壮大的同时，进一步增强为社会服务的功能。还要有强烈的国际意识，推进和发展高校教育的国际交流与合作，大胆吸收和借鉴世界高校教育的成功经验，使我国的高校教育建立起一个面向社会、放眼世界、兼收并蓄、博采众长的开放体系。

二、拓展德育教学的教学模式

从职业发展理论来讲，高校教育在德育教学上的问题，将影响职场个体的职业发展精神和职业道德素养的培育。但是高校教育对象的特殊性，决定了学员德育教学的艰巨性、复杂性，一般意义上的德育教学很难达到令人满意的效果，高等德育教学也成为高校教育中最为薄弱的环节。因此，创新基于职业发展理论的高校教育教学模式，应当积极拓展高校教育中德育教学这一重要组件的教学模式。

（一）拓展德育教学的内容结构

现代德育是以社会现代化、人的现代化为基础，以促进人的现代化为中心，进而促进社会的现代化的德育。现代德育必然要反映现代社会中人自身道德发展的要求，反映现代社会发展的要求。因此，在围绕高等德育内容的构成上，应该更具广泛性、现实性。职业道德是衡量一个从业者道德水平高低的重要标尺，它影响和决定人们劳动的态度和方向，成为决定劳动者素质水平的灵魂，在高校教育内容中居于核心地位。另外，高等德育要指导受教育者运用科学先进的价值理念学会判断、学会选择、学会创造。随着科技、经济、社会的发展，人们的生活方式、价值观，包括道德观念、道德准则不断变化，原有的某些道德观念、道德规范有可能过时，不可避免地需要提出一些新的道德准则和规范。例如在科学道德、信息道德、经济道德、网络道德、生态道德等领域特别需要具体的规范，特别需要道德的创造。因此，这也应该是高等德育教学的重要内容。

（二）拓展德育教学的教学形式

拓展德育教学的教学形式必须充分利用现有教学资源和条件，选取在教学中已经成形的教学方法和模式，进行拓展延伸。

第一，应当充分运用课堂教学，实施德育教育。课堂教学是学员学习的主要形式。在课堂德育教学实施过程中，根据高等学习的特点，在教学计划和教学内容上，都要作特殊要求，教育内容应该根据市场经济的形势，适时调整德育目标。教育过程中要坚持先进性和普遍性相统一的原则，立足市场经济的实际，把健全的人格塑造放在德育工作的首位。同时，注重发挥学员主观能动性，强化课堂师生双向互动，创造轻松、活泼的德育氛围，保证对学员实施有效的德育教育。可以聘请知名专家举办专题报告，作为特殊课堂形式，加强对学员人生观、职业道德、现代教育教学和传统文化的教育。总之，无论课堂内外，德育目标和德育重点应在学员健康人格的塑造上，使学生明了道德建设是人格修养不可或缺的一部分时，他们才能接受我们的教育。

第二，利用多媒体教学，强化德育教学效果。传统的授课方式无法满足现代高校教育德育教学的需要。因此，在德育教学过程中，要以鲜活生动的实例来感染学生。通过学生自主的情感判断来塑造道德榜样，唤起对道德善行的崇敬之情，在纷繁复杂的社会现象中找到自己的道德归宿。注重现代教育技术的充分运用以及信息技术与学科资源的整合。充分利用电影、电视、教学录像等信息化、电子化、智能化的多媒体教学手段，借助于这些灵活多样、内涵丰富的声、光、图像等教学形式的直观冲击力，增强学员的兴趣，使学员的认识更加深刻，产生事半功倍的理想教学效果。此外，可以利用网授以及远程教学发挥网络教学的优势，拓展德育教学空间，克服高校教育教学时空上的局限性，整合课堂教学和多媒体教学的优势，充分发挥网络资源在教育教学中的作用。借助网络实施网络教学，可以将专家、学者的精彩专题报告、德育教学录像制作成教学辅导光盘在教学辅导网站上和有条件的教学点进行播放。

这一生动、灵活、便捷的德育教学形式克服了高校教育时空上的制约，发挥了网络便捷、高效、涵盖广、辐射面大的优势，最大限度地拓展了德育教学空间，为广大学员提供了全天候德育教学服务。

（三）拓展德育教学的评价体系

基于高校教育的特殊性，高等教育学习者的德育考核评价有别于其他一般的考核，具有自身的特殊性。因此，凡是列入教学计划的内容，可以通过知识考试的手段进行考核评价；对于学员的思想观念的考察，可以通过日常管理中的操行鉴定来考核评价；对于学员的行为考核主要由学员工作单位出具考核鉴定和进行跟踪问卷调查。另外，为了充分调动广大高等教育学习者的积极性，鼓励他们在思想上、学习上积极进取，可以建立评优奖励制度，进行精神和物质奖励。对表现差的学员进行批评教育。通过长期的探索，以及多年以来高等教学的实践，制订一系列评判原则和标准，建立以职业发展为基础的高校教育德育教学全方位评价体系。

（四）拓展德育教学的管理网络

高校教育的德育教学是一项复杂的系统工程，必须要动员主办学校、学员家庭等全方位参与，才能实施有效的组织管理。主办学校根据国家的有关规定，结合高校教育的特点，制订德育教学计划，科学、规范、可行的评价考核标准以及考核措施，如班主任配备，班级临时的党、团支部活动安排等，负责德育教学的实施和知识考核。学员居住的社区和学员所在单位承担着对高等教育学习者的平时监督、检查的任务，负责平时的思想政治教育。高等教育学习者所在单位具体负责学员日常行为、思想观念等方面的鉴定意见。通过三个环节的协调一致，才能形成高等德育教学的组织管理网络。

三、确立多元化的教学模式

创新基于职业发展理论的高校教育教学模式，需要以高校教育学员的职业发展需求为导向来设计多元化的教学模式，创造一种超越时空限制的弹性化学习机制。确立多元化的高校教育教学模式，必须体现高等教育特点，以高等教育的生活、需要与问题为中心，突出能力培养与多种教学范式综合运用的教学活动与形式。新的教学模式应强调个体的思维能力和动手能力，而非只学习基础知识，强调创新性解决问题的能力，强调培养学生面对快速变革的职业生涯和多元的价值取向所应具有的包容能力和理解能力。在课程建设目标上，要更加强调综合能力和建立在个性自由发展基础上的创新能力。在教育建设中注入科学精神和人文精神，以滋养和陶冶学员的性情，帮助其顺利走上职业发展道路。

按照教学对象的细分，我们可以把多元化的教学模式分为学员为主产生的教学模式、学员为业余产生的教学模式、学员为函授生的教学模式。对于第一种即学员为主产生的教学模式，其教学目标为系统地掌握知识、方法和技能，综合素质全面提高，其教学内容为基础理论＋专业理论＋专业技能，其教学方法与手段为课堂教学法（主）＋试验实践教学法（主）＋网络教学法（辅）。对于学员为业余产生的教学模式，其教学目标为较系统掌握知识要点，具备从事专业岗位的知识结构与知识适用能力，其教学内容为基础理论＋专业理论＋理论运用，其教学方法与手段为课堂教学法（主）＋网络教学法（辅）。对于学员为函授生的教学模式，其教学目标为了解一定的理论知识要点与基本具备进一步的提高能力，基本具备知识要点使用能力，其教学内容为基础理论＋专业理论＋理论适用，其教学方法与手段为网络教学法（主）＋课堂教学法（辅）。

在具体的实践中，确立多元化的教学目标应注意以下几点。

第一，确立多元化的教学模式应突出学员的能力培养。函授生、业余生来源于生产、服务、管理第一线，具有较强实践工作经验，但理论知识相对较缺乏，因此需要通过专业知识的学习与深化，强化理论知识与实践的结合，培养专业技术知识的综合运用能力，而产生的学习目的是适应市场变化新形势，通过学习找到较满意的工作。因此，高校教育教学模式必须体现以高等需要为中心的"突出能力培养"的目标。

第二，应提倡跨时空的教学形式。高校教育学生的工学矛盾突出，文化基础差异较大，这为教学组织和教学质量的提高增加了困难。而以网络为基础的教学手段则有效地解决了以上问题，一方面，网络教育不受时空限制，从而为成人教育学生提供了跨时空的学习环境；另一方面，网络教育作为一种教学补充，有利于基础较差者的知识补充。因此，多元教学模式必须具备"虚拟学习环境与学习社区"功能。第三，确立多元化的教学模式，应转变教育观念，改革和创新教学方法，采用适合高校学生心理特点和社会、技术、生活需要的教学方法。比如，大胆地继承和发展课堂教学法，特别是在20世纪80年代以来创造和发展起来的许多成套的综合启发式教学法，基本教学方法的优化组合对优化教学过程存在巨大潜力。它能做到教为主导、学为主体和因材施教，可以激发学生独立思考和创新的意识，培养学生积极探索、勇于实践的学习能力。

四、引入校企合作的教学模式

在高校教育过程中，由于学员身份的特殊性，他们往往要兼顾学习和工作的双重压力，难以在两者之间恰当地分配时间、精力，形成较难解决的工学矛盾。另外，就职业发展理论而言，高校教育教学模式必须考虑到学员的职业发展需求是以学习专业理论和专业技能为主。为了找到学习和工作之间的平衡点，并提高学员的实践动手能力，有必要引入校企合作的双元制教学模式，以夯实学员的职业发展基础。

（一）建立校企联动机制

合作的前提是信任和需求，关键是寻求联动的结合点，否则难以形成合力。从前面的分析中我们已经清楚地意识到，校、政、企三方都有实施教育的愿望和条件，这就给创建"学校主办、企业和政府协办或督办"的共同办学联动机制铺平了道路，也为实施、校、政企合作人才培养模式扫清了障碍。

对于学校、政府、企业而言，"发展"是大家关注的焦点。因此，校、政、企联动的逻辑起点应该是"发展"。学校发展主要体现在人才培养，政府（社会）、企业发展需要人才，"人才"就成为双方或多方联动的结合点。要让学校、政府、企业围绕人才培养走到一起，必须建立有效的联动机制，包括管理制度和运行模式。必须建立以现代信息技术为依托的网络交流平台以及信息员联络制度和信息发布制度，畅通对外宣传和信息沟通渠道。

（二）规范校企管理模式

双方或多方合作，必须以合同或协议的形式建立一种有约束力的办学关系，明确双方责任与义务，从而确保合作的有效性和规范性。同时，必须充分尊重高校教育规律和高等教育学员特点以及政府、企业的实际需要，建立以主办学校为主、政府和企业参与的教学管理制度，共同商议、决定重大事宜，合理安排各教学环节，确保教学质量，达到规范性与灵活性的完美结合。在办学实践中，我们实行的是项目管理，即由高校教育主管部门和企业、政府负责人组成项目管理组，共同研究制订培养计划、管理制度并组织实施。在具体的教学实施过程中，校、政、企各方紧密合作，及时掌握教、学情况，有力地保证了人才培养质量。

（三）合理设置培养目标与教学计划

高校教育培养适应生产、建设、管理、服务第一线需要的德才兼备的应用型高级专门人才。要实现这个培养目标，关键是要制订一个以较高层次的技术应用能力为主线的培养方案，构建科学、合理的课程体系，确定学以致用的教学内容以及与学员的职业发展、从业岗位密切相关的实践教学环节。因此，必须彻底改变沿袭普通高校教育的人才培养模式，建立"学历＋技能"的学科课程与技能培训相结合的课程体系。学员来自各行各业生产、管理、服务一线，有的还是管理和技术岗位骨干，对职业、技术及其所需知识有着深刻的认识。学员所在单位和部门也希望自己的员工能学有所获、学有所成、学以致用。因此，我们在制订教学计划时，应该充分利用学员及其所在单位这一宝贵资源。让学员和社会各界充分参与到教学计划制订和课程设置中来，使我们的教学计划、教学内容更具针对性和实用性。实践证明，高校教育校、政、企合作人才培养模式是一种多方"共赢"的人才培养模式，也是高校教育事业可持续发展非常有效的一种模式，随着科技、经济、社会的持续快速发展，它必将拥有一个美好的前景。

校、政、企合作之路还在探索之中，许多深层次问题还需我们在实践中不断地探索。如合作模型与运行机制问题、学历教育与技能培训关系问题、学员考核与评价问题等。我们必须在实践中改革创新，拓宽运作思路，主动走出校门，将高校教育真正办成面向社会的开放式教育，为社会各界、企事业单位提供更好的教育服务。

五、以学员为教学中心

职业发展理论的核心是职场个体的职业生涯发展，说到底是以人为中心的考虑点。因此，基于职业发展理论的高校教育教学模式的创新也应当坚持以人为中心的价值取向。"大学之道，在明明德，在亲民，在止于至善"。"亲民"和"至善"从主客观方面都体现了人本思想。坚持以人为本，树立全面、协调、可持续发展，体现在高校教育教学中主要是坚持以学生为中心，以人的教育为出发点，以人的教育为归属。

这就意味着高校教育的教学评价必须着眼于人的发展，着眼于社会对人的多元化的需求，而不能局限于知识的考核。基于职业发展理论的高校教育教学模式，要体现以学生为本的思想，就必须要尊重学生的评教权，尊重学生对教学过程的选择权，缺少这两者，就无法做到以学员为本。高等教育学员在接受教育时，不需要被动接受一些对他们没有用的知识，而是需要搜索对自己有价值的知识。他们需要的是一种自我的选择知识和构建知识的权利。因此，创新基于职业发展理论的高等高校教育教学模式应当坚持以学员为教学中心的价值取向。

基于职业发展理论的高校教育教学模式应以学员的实践动手能力为基本的评判标准。众所周知，高校教育与普通高等教育同属高校教育的范畴，它们有共性，但毕竟是两种不同的教育形式，有着它们自身独特的个性。但时至今日，仍有相当多的人以普通高校教育的观念、普通高校教育的模式、普通高校教育的标准来套用、衡量高校教育，力主在质量与规格上应与普通高校教育"同类""同质""同轨"。这在学生的就业与求职中表现得最为明显。高校出于对学生前途着想，只好在日常教学与考核上，变求同存异为全同不异，导致高校教育慢慢被普通高校教育同化。踏入职场，接手工作岗位，对于缺少高等学历文凭和高等文化教育的他们来说，扎实学习一门专业学科，并培养较强的实践动手能力，才是他们在职场上安身立命之根本，并且以此作为日后职业生涯发展的基石。因此，创新基于职业发展理论的高校教育教学模式应当坚持以实践能力作为评判标准的价值取向。

第四章　高校教育教学方法的创新

第一节　高校教育教学方法

一、高校教育教学方法的概述

在现有研究成果中，对于高校教育教学方法的分析和认识有本质揭示型的，也有特征或过程描述型的，近年来，高校教育教学方法研究的风向转向了"模式"路径。无论是本质揭示还是特征或过程描述，都存在一个缺陷，即教师本位思想。这样，几乎所有关于高校教育教学方法的本质定义和特征归纳，都陷入以教师为主导的"二元论"泥沼，从教师角度研究教授方法，从学生角度研究学习方法。教授方法加学习方法就构成教学方法，这种逻辑思路所分析得出的结果自然与高等学校教学活动真实情景差距较大，教师的教授方法可以在没有学生参与的环境下进行，学生的学习方法更无须教师的直接参与。这两种可以游离的方法不是简单相加就可以组合成新的方法。因此，对传统的教学方法研究成果提出了批评。但批评与建构是事物发展的两个不同阶段，但在建构尚无突破也未引起足够重视的情况下，高校教育教学方法的研究却转向了"教学模式"研究，随着教学模式研究的兴起，教学方法研究则日渐式微。

教学模式研究代替不了教学方法研究，或者仅仅是教学方法研究特殊阶段的一个尝试。很多教学模式研究成果显示，它属于教学方法研究范畴，教学模式是多种教学方法的综合。至于说教学模式是稳定的、典型的教学程序或策略样式，这种表述也背离了高校教育教学活动的本质，与高校教育教学活动特征不相容。因为高校教育的教学活动，尤其是教学方法，不存在可以照搬、套用的"方法组合"，试图设计或概括出一种模式加以推广也不符合高校教育的教师、学生、学科专业、学校类型等差别化的实际。高校教育教学，它的本质是一种整体性的有机"活动场域"，教学方法就是维系这种活动场域或隐性或显性的"脉络"，即在教师的教授活动领域与学生的学习活动领域的交叉重叠部分发生的信息传达、消化、反馈的思维、路径、手段以及氛围环境等。在这个交叉重叠区域之外的教授方法、学习方法或者管理方法，他们虽然对教学活动、人才培养有重要影响，但不是严格意义上的教学方法。

在高校教育教学活动场域中，关于方法问题还不只教学方法一端，还有管理与教师活动交集场域的方法问题、管理与学生活动交集的方法问题。但教师和学生活动交集又与管理活动有一定的交集，问题的核心就在于教学方法的掌控权限。假如教师、学生、管理者在整个教学活动中的作用是均衡的，而且教学方法的选择与使用也是深度融合的，则三者对教学方法掌控权的共同认可范围大约是各自三分之一的"他控"组合区域，各自的三分之二区域都是自我控制的。也就是说，在教学方法的控制问题上，管理者、教师和学生都不可用全部的单方面意愿来衡量整体和他方的教学方法，真正可以达到三方共同控制的是小于各自三分之一的共同空间。

二、高校教育教学方法的特点

认识教学方法的特点是认识高校教育教学方法的理性提升。仅从明确提出来的高校教育教学方法的特点和分类来看，几乎都是循着"探寻模式"和"分析过程"两种思路在进行，例如，我国一位高等教育学专业博士生导师提出的课堂教学方法、自学与自学指导方法、现场教学方法、科研训练方法的"四分说"，另一位博士生导师提出的组织和实施学习认识活动方法、刺激和形成学习认识动机方法、效果检查和自我检查方法的"三分说"。通过分析大量教学成果奖获奖材料以及"教学名师"的实践经验发现，对于高校教育教学方法特点和分类的认识首先要回归教学活动本身。教学方法必须是在教学活动中发挥"脉络"的功能，不能充当活动"脉络"的，都不能归于高校教育教学方法考察范围。

在整个高校教育教学活动中，一切活动都是围绕"提高教学水平和教育质量、实现培养目标"这个中心的，而且任何活动都具有其方法、途径、手段。在专门的人才培养过程中，课程是最基本的知识与能力体现单元，也是高校教育活动中学科与专业相互转化与结合的最小载体。学科是一个按照学术发展逻辑不断丰富起来的系统化的知识体系，专业是教育活动按照社会对专门人才的要求所设计的一个相关学科知识体系群，开展这种学科知识体系群的知识传授和能力训练就是专业教育。可以说，专业是按照社会发展的逻辑变化的。课程是学科知识体系的分化单元，也是高校教育实施专业人才培养最小的、完整的知识与能力结构单元。高校教育的复杂性就体现在从课程这个知识逻辑体系转化为接受教育的学生所获得知识与能力的微观过程之中。因此，研究高校教育教学方法必须把课程作为基点，超出课程范围的东西，如人才培养方案、教材建设与教学活动关联不大。确定了教学方法的基本范畴，尚需进一步对教学方法的内在特点和结构进行细化。

关于高校教育教学方法特点的研究近来比较沉寂。早期的"二性论"（专业指向性、学术研究方法接近性），"五个培养论"（学生的自学能力培养、研究能力培养、实践能力培养、合作精神培养、创新精神培养），"七方式论"等，几乎都是对教学方法的实现功能考察得出的结论，到了"三性论"（学生主体性、探索性、学科专业性），关于高校教育教学方法特点的研究才逐步回归到高校教育教学方法本身。

循着这种思路，在全面考察高校教育教学方法涉及的各个方面之后，高校教育教学活动中其他范畴的特点如下。

（一） 可感性

可感性与抽象性、不可感知相对。教学方法虽然具有工具性，但强调甚至放大它的工具性是不利于创新的，所以要把它看作是维系教学活动场域的"脉络"，尽管"脉络"不一定可见，但必须是活灵活现的。教学活动到了面对面的"方法"程度，感性色彩非常浓厚，不仅要使参与者都能够感知"方法"的存在，而且还要富有成效。可感性是对教学方法的具体化概括，无论是语言、工具、形象、仪态甚至思路、能量等，都能够让人感触、感知、感觉得到。这就可以避免原来那种"方法是对知识进行加工并呈现出来"说法的片面性。可感性越强，可接受程度越高。

（二） 内隐性

内隐与外显直白相对，近似于含蓄。教学方法的最终目的是要教化学生，而无论从理论上分析还是从教学实践经验总结来看，对于不同的人，或者对同一人的不同时段和处境，教化的方法是不尽相同的，这就需要教学方法具有内隐性，不全是直白的指点、训斥。同时，一切社会认知都具有内隐性，根据学习心理学的研究，学习者对于社会性信息感知的内隐性要强于对非社会性信息的感知。这好比大厦结构中的钢筋和水泥，内隐性是"钢筋"，外显性是"水泥"，它们共同构成认知建构的基本结构。高校教育教学活动，虽然是专业性教育，但更多的是社会认知性学习，因此，内隐性是教学方法的普遍特点。

（三）双重性

双重性就是事物的两种相对独立甚至对立的特性集于一体。很多事物具有双重性，高校教育教学活动的双重性尤为突出。在教学方法层面，教师和学生的主体双重性、教师和学生参与教学活动动机的双重性、目标的双重性、价值标准的双重性等都集中在一起，交锋交汇。具体而言，突出表现在教学内容、方式方法、手段，甚至是目标与结果等教育内部体现上。这些关系有的是从属的、有的是背离的、有的是不确定竞争性的，还有的是客观性与主观性并存。

（四）微观性

微观是个相对概念，在社会科学中，通常把从大的、整体方面去研究和把握的科学叫作宏观科学，从小的、局部方面去研究和把握的科学叫作微观科学。在高校教育教学活动体系中，教学方法显然不属于宏观层面的概念或范畴，微观性是教学方法的实际处境，只有认识到这一点，才能准确分析教学方法的各种内在问题。任何提升或夸大教学方法层级的认识、企图都会把教学方法研究引向歧途。

（五）复杂性

复杂性是一门认识论、方法论科学，它是对"还原论"的批判和超越、对"整体论"的追求，或者说是既重视分析也重视综合、既关注局部也关注整体的系统科学的新发展。事物的复杂性是指在环境、条件发生变化时，不同行为模式之间的转换能力及其表现比较弱，某些新增条件似乎消解了一些元素。因此，要用非线性关系去把握局部与整体的变化。认识事物的复杂性，必须把握复杂性事物内在的非线性、不确定性、自组织性和涌现性。高等学校的教学活动，完全符合复杂科学的这些特征，因此，教学方法相应地具有复杂性特点。

（六）丰富性

感性活动的基本特点就是无限的丰富性，教学活动尤其是教学方法方式，既是有组织的合理性和合规则的建制活动，更是一种师生互动的感性活动。一名教师教授同样的课程，两次的教学感受以及教学方法可能是完全不同的，学生的学习感受也是如此。教学方法的丰富性实际就是教学方法的感性、复杂性以及双重性等特点的衍生结果。

三、高校教育教学方法的分类

我们在分析高校教育教学方法的基本特点后，对于高校教育教学方法分类这种表征性的概括就比较容易。高校教育教学方法的分类要从"种属"和"类别"两个方面分析，即按照种和类两个维度进行分解。

第一个维度是"类"的角度，可以分为：①教学方法总论；②理论课程教学；③实践课程教学；④学习方法。

第二个维度是具体的方式与途径，即"种"的角度，可以分为：①课程教学内容与体系创新；②教学方式方法创新；③教学手段与技术创新；④教学艺术与技巧创新；⑤教学方法模式创新与综合创新；⑥教学效果与质量检验方式创新；⑦教学组织方式方法创新；⑧教学方法创新理念与策略。

建立这样一个二维方法结构表，基本可以反映高校教育教学方法的全貌，高校教育教学方法的所有特性也能够在其中找到相应的载体。高校教育教学方法研究就是要从高校教育教学活动的整体系统入手，深刻分析教学方法的特点，认识教学方法的规律，并在教学实践中有效运用教学方法。在进行高校教育教学方法研究时，有三个基本着眼点不能忽视。

第一，课程是教学方法研究的逻辑起点。教学方法研究从何入手，不同的路径产生不同的结论，比如以教学工具为基点，就会使教学方法研究偏重于实现教学的手段；以教师主体为基点，就会使教学方法研究走向"教师中心"的单边主义。

教学方法研究的适用基点可以有很多种选择。我们所理解的教学方法应该以教学内容为出发点，因为教学方法所承载的主要功能就是知识的传递、接收、转化与学生修养、思维、能力的训练。没有教学内容，教学方法就无从谈起。但是，教学内容是一个复杂的体系，大到学科专业的系统化知识体系，小到一个基本概念和定律、规律性常数等，针对不同的教学内容可能会出现不同层次的教学方法。为此，教学方法研究必须核定一个教学内容层级，"课程"是我们确立的教学内容逻辑起点。

课程在发展演变中，曾被赋予过多种多样的含义，富有代表性的课程定义有如下几种：学习方案、课程内容、有计划的学习经验等。一般认为，课程就是系统的教学内容，是一系列教学科目的集合。具体而言，课程包括"教学计划""教学大纲"和"教科书"所规定和表述的内容。无论课程的定义表述如何，这里作为教学方法研究逻辑起点的课程特指高等教育课程。高校教育课程不同于基础教育课程，它具有自己的基本范畴和过程性特点。基本范畴就是高校教育课程一个系统性概念，最基本的是为达到教育目的而组织的一个单纯性教学内容。推而广之，还有教学科目、学科。

过程性特点是高校教育课程的显著标志，无论哪个层次的"课程"都是为实现一定的教育目标而组织的教学内容，而且这些教学内容必须进入教学环节，参与教学活动。尽管从哲学、心理学、社会学以及交往论等不同视角对课程的过程性认识会有不同阐述，但"知识体系""教学资源""教育目的载体""组织模式"这几个核心概念是其灵魂所在。

第二，教学方法是以某一门具体教学科目为基础的教学交往活动要素，不仅仅体现在孤立的一次教学组织活动或者在学科专业层面的全程教育活动中，在当前课程创新意义上，可以适当延伸到课程组群的教学活动，比如专业基础课程、专业课程或者理论性课程、实践性课程，还有依据表现形态划分为显性课程、隐性课程等。因此，以课程为逻辑起点的教学方法研究，必然是丰富多彩的。

第三，研究和分析高校教育教学方法，必须把实现课程以及教学目标作为考虑依据，尽管课程与教学目标也是教学评价的重要依据。教学方法为实现教学目标服务，在教学方法被"艺术化"的倾向下，尤其要防止"为艺术而艺术"的思潮蔓延，使教学方法创新走上一条"为方法而方法"的道路。无论是实施教学组织，还是运用教学方法，或是评价教学方法，都应该把课程及其教学目标放在首位，根据目标实现的程度和效果以及采取某种方法开展教学的效率来考虑教学方法的好坏。在各种类别和层次的教学方法中，以一门课程教学目标的实现和其相应的一个教学活动单元组织开展的教学方法就是研究的基本领域。

第二节　高校教育教学方法创新的理论基础

一、认识论与工具理性

无论是从高等学校教学方法自身发展角度还是从深化对高等学校教学方法认识角度，

建立以价值论为基础，以价值实现为核心的高等学校教学方法是推进高等学校教学方法创新的理论原点。

（一）工具论教学方法的形成

毫无疑问，教学方法就是用来实施教学的工具。这种通俗的认识在一般教育学和教学论文献中非常普遍，且影响深远。如教学方法是教师和学生为完成教养任务而进行理论和实践认识活动的途径；教学方法是指教师的工作方式和由教师领导学生的工作方式，借助于这些工作方式，可以使学生掌握知识、技能和技巧，还可以形成他们的世界观和发展他们的认识能力；教师和学生在教学过程中解决教养、教育和发展任务而展开有秩序的、相互联系的活动的办法，就称为教学方法。有学者对教学方法的界定，如教学方法是教师为达到教学目的而组织和使用教学技术、教材、教具和教学辅助材料以促成学生按照要求进行学习的方法；教学方法是指大多数教师能够充分加以运用并适合于多学科反复使用的教学步骤或程序；教学方法就是教师发出和学生接受学习的程序；教学方法是促进学生的学习，教师组织班级，向学生提出意见及使用其教学手段的各种方法。以上各观点都免不了工具主义的认识，这些认识都属于工具论的观点范畴。

这种观点对我国教学方法理论与实践的影响较大，以至于国内学者的很多理论研究也一直使用这种观点，有学者认为：教学方法是指为达到教学目的，实现教学内容，运用教学手段而进行的，由教学原则指导的一整套方式组成的，师生相互作用的活动。还有人认为：教学方法是为完成教学任务而采用的办法，它包括教师教的方法和学生学的方法，是教师引导学生掌握知识技能、获得身心发展而共同活动的方法。这些在一般教育学、教学论中关于教学方法的观点在高校教育的延伸研究比较多，其中最直接的后果就是高等学校教学方法就是教学活动中教师所采用的工具。工具的属性没有好坏之分，只有先进与落后之别，所以，研究教学方法的改革创新就是追求工具的先进性，在教学活动中大量推行现代信息技术手段成为时尚，其结果只能是器物层面的探索，不可能在本质上给予改观。有时操之过急、用之过度还起反作用，使教学效果达不到期望值。

（二）认识论教学方法的出现

认识论以从根本上揭示人生、社会、世界、宇宙及其相互关系的"可能面目"为旨归。构建相关认识论原则的认识论对教育（尤其是高校教育）的影响由来已久，但对教育教学活动的影响是相对迟缓的。长期以来，人们对教育活动的认识就是传授知识，缺乏对教育活动本身具有认识社会和世界、探究社会和自然规律的属性的认识和理解，所以在教学方法问题上，就是"传授"，要传授就要使用"工具"，使用工具的主体就是教师。因为教育是复杂的社会实践活动，社会发展要求对教学方法本质和规律的认识也必须是一个不断深化、发展的过程。教学方法概念的表述应该反映教学目的、教学内容的本质联系以及师生双方相互联系和相互作用的关系。

在一般教育学及教学论领域，理论认识视野更加开阔，比如一位当代著名教育家曾说："教学方法，是在教学过程中，教师和学生为实现教学目的，完成教学任务而采取的教与学相互作用的活动方式的总称。"还有人说："教学方法是教师和学生在教学过程中，为达到一定的教学目的，根据特定的教学内容，共同进行的一系列活动的方法、方式、步骤、手段和技术的总和。"

这种基于教学活动复杂性和教学对象层次性的理论倡导开启了高等学校教学方法研究的新境界。首先是正视高等学校教学活动与基础教育教学活动存在明显差别，然后是按照建构主义所极力主张适应和体现高等学校教学活动的特点，用描述特征的方法来揭示教学方法的内涵。于是，一些教授提出高等学校教学方法的五个特点，他们认为高等学校教学方法的特殊性主要有三个表现，有的教授则言简意赅地将高等学校教学方法的特殊性概括为明确的专业指向性及科学文化发展过程和研究方法的接近性。一些教育学博士则概括了高等学校教学方法更多地体现了学生的主体性、探索性更强、更具有鲜明的学科专业特色。这些关于高等学校教学方法的比较分析和内在刻画，尽管没有直接回答高等学校教学方法是什么，但已经提示了高等学校教学方法的适用主体、基本特点、目标指向等，有利于我们进一步把握高等学校教学方法的本质。

二、价值论视角的高校教育教学方法

价值是一个具有普遍意义的概念，使用范围极其广泛，在政治经济学领域讲的价值是指凝结在商品中，能够满足人们需要的无差别人类劳动或抽象的人类劳动成果。因此，哲学上讲的价值往往与人的需要联系在一起，价值首先体现外界事物与人们主观需要之间的关系。

价值论就是关于人类生活中各种价值现象及其性质、构成、标准以及评价的哲学分支。价值论看似抽象，高深莫测，实际上，其相对于本体论、认识论，有非常明确的人本指向，就是从客体满足主体的需要出发，建立一套设计、考察、评价客体是否满足主体需要的价值原则和基本行为准则等一般价值体系，并且延伸或应用于个人和社会生活的各个领域，形成适应不同领域的具体价值体系，同时以实践的方式用这种价值体系去评判、考虑和重构人类生活现实，具有强烈的社会规范和导向作用。

（一）主体需要与客体能够满足主体需要的价值实现

价值论关于主体与客体关系的规定性超越了认识论的规定范畴，把人的幸福问题作为轴心，并派生出相关的个人与他人、个人与社会、社会之间、人类与自然之间关系等问题。所以，价值论的主体、客体是动态变化的、多元结构的。就主体和客体的基本特征来讲，无论其构成是"人人结构""人事结构""人物结构"，都是围绕需要与满足展开的活动。作为客体，某事物对人或特定某人有用，能满足其某种需要，则这种事物相对人或特定某人就是有价值的，这里的人或特定某人就是主体。所谓价值，就是客体对主体需要的满足性。同时，主体必须需要并实际享受了客体所具备的效用才能使客体的有用性得以显示、发挥和实现。主体不需要或暂时不享受这种需要时，价值主体与价值客体没有发生实际关联，客体的价值只是潜在或可能的，没有得到实现。因此，从主体方面来看，价值是主体对客体的需要性。总之，价值反映的是事物的客观有用性与人的主观需要性之间特定的关系，它既与客体的有用性相关，又与主体的需要性相关。客体的有用性与主体需要性的辩证统一，价值的个体性与社会性的统一，理想性与现实性的统一，手段性与目的性的统一，这就构成了价值实现。

价值论的全部意义就在于价值实现，价值实现的核心内容是人的价值实现。人是具有先天道德本性的，是有追求法则秩序及美好品德的本质和内在规定性的。人只有创造了文化，创造了文化世界，才能真正进行价值实现。文化创造作为价值思维肯定形式，既是人的价值实现，又是人的本质实现，它既创造了一个客观的有价值、有意义的文化世界，又创造了人，实现了人的本质。人的整个文化创造、实践、感受、认识活动都是积极主动的价值思维、判断与选择，表现为人的主体性的价值实现。因此，人的职业、地位不同，价值需要不同，其价值实现的内容、方式也各不相同。同时，作为价值提供方的人，必须能够"意识到"自我及外部世界的价值存在和意义，否则就谈不上人的价值实现。而这种"意识到"以及努力达到的程度也与自我个体或群体的知识水准、理解和领悟能力、经历情境乃至精神意志密切相关。

（二）价值论的高校教育学意蕴

价值论是探寻人类生活理想目标的哲学分支，作为人类社会生存与发展重要组成内容的教育活动自然也在价值理论的视野之内。无论是对个体的人还是对群体的人，"以人为本"的发展理念说到底就是"以人的价值实现为本"。

现在的高校教育教学基本理论是认识论基础上的一般教育学。也就是说，认识论所刻意解析的主体与客体关系范式被一般教育学所接受，形成了教学活动中的主客体二分局面。因此，出现了教师主体、学生客体或者说教育者、被教育者等一系列的概念或范畴。其实，关于"教育"这种古老的人类活动本质界定始终打着本体论的烙印。认识论关于主体性有更精辟的阐释，但在人与人的关系问题上仍未完全脱离本体论。所以，一般教育学和教学论理论仍然沿袭这种哲学观点，非要分出教学活动中的主体与客体，非要使"教育"这个动词具有及物性不可。所以，一般教育学和教学论中的一个重大谬误就是建立了教育活动参与者的主格与宾格。这些"理论建树"又被简单移植到高校教育学或高校教育教学论之中。

现在的高校教育教学活动依然存在何为"中心"的问题，这种争论都没有脱离"中心主义"的框架，无论是"以教师为中心"，还是"以学生为中心"，抑或"以知识为中心"，都没有揭示高校教育教学活动的本质，其理由有二：一是这些理论基础源于一般教育学和教学论，这些以基础教育为主要研究对象的理论成果只能是"一般"性内容，不能完全适用于高校教育这种"特殊"情况；二是高校教育教学活动中人的地位无论是从瞬时性还是从长远性来看，是相互变化的，明确谁为中心毫无意义，其显著特征就是活动的主体间性。

从价值论观点来看，高校教育的教学活动客体就是教学活动本身。教学活动作为一种综合性社会事务，具有丰富的有用性，能够满足主体的各自需要。而且，该活动的上位主宰是制订教育目标和创办学校的人或组织，他们要实现目标和价值，就必须以教学活动这种方式来体现；活动的下位主宰就是无限的物化条件，比如人类的知识、教学设施、教学组织与管理者等，他们的价值都需要在这种活动中实现交换。

高校教育教学活动是一种主体间性活动。以往对于高校教育教学活动的认识是一种"捷径式"观念。在精英化时代，这种观念无论正确错误都无关主旨。一方面是这种理论适用人群非常之小，即使按照理论设计错误运行也不会有什么大的社会影响；另一方面是在实际教学活动中，一些不照章出牌的教学活动参与者即使取得了理想的成效，影响面依然小。总之，高校教育精英化时代的教学活动参与者只是社会的"小众"，其活动有无规定章法或是否按既有理论运行都无关紧要。因此，那些被嫁接到高校教育领域来的理论、观点、模式都不一定是科学的。真正的高等学校教学活动理论建树必须立足高校教育本身，并在科学的哲学理论指导之下进行。特别是高校教育大众化之后，在价值论的主体间性观点下，高校教育这种人类非常普遍的教学活动存在实际就是一种主体间性存在，活动中的各个主体是一种交互关系。在这个主体间性活动之中，有这样几个显著的表征。

第一，主体的多重复杂性。高校教育教学活动的参与者非常之多，按照人的文化价值实现理论，凡是"意识到"的相关需求者都可以认为是教学活动的参与者，而不仅仅是教师和学生。虽然教学活动参与者从表面看是教师和学生，这是静止的观点，从主体性分析，高校教育教学活动的所有价值期盼都应该得到实现，这是价值的目标规定性。当然，这些主体可以分层分级，教师和学生是第一阶梯；教育目标设计者和学生家长是第二阶梯；教学管理者和教师、学生的利益相关者群体是第三阶梯。这种分层分级也只是相对的，在高校教育大众化、普及化情况下，教师和学生这种"一线主体"也不一定有自己真实的需求或满足需求愿望与能力，这种情况另当别论。这些复杂主体的共同点都是理性行为者，他们的合理诉求都应该得到尊重。所以，活动中的主体角色转换、个体差异都应该得到包容。

第二，价值及价值关联的客观存在性。高校教育复杂的主体关系以及主客体关系决定了教学活动的无限丰富性。但是，我们并不能为这种丰富性所困扰所迷惑，甚至束手无策。这一切的主体以及作为非主体的物化成分，在这个活动中都具有价值，都具有价值表达功能。这就是高校教育教学活动所必须显现的特殊过程。基础教育可能不一样，可能作为主体的学生根本就没有求知需要，因为他们还是非理性的人。但高校教育完全不同，学生具有求知、成才欲望和需求，这些需求应当得到满足。教师也可以具备条件、书本也可以具备条件、网络也可以具备条件，还有广阔的社会生活实践也可以。这说明，高校教育的价值关联不仅是客观存在的，而且也是无限丰富的，满足活动主体需要的供给者不是唯一的，当然也可以是多重的。

第三，活动结果的临界性。所谓活动结果就是价值实现的目的。基础教育阶段的教学活动结果是知晓人类的既往文明，为未来探究、利用社会与自然规律做准备。随着社会的发展进步，这种以"知晓"与"准备"为目的的阶段越来越长。但高校教育作为人类教育活动的最后阶段，前面的"知晓"目的已经退居其次，主要就是面向社会、自然，开始尝试认识、探究并利用人类社会、自然世界的规律。这种活动一要有分工性，二要开展直接的尝试活动。这种教育与社会生活之间的临界性是解释现行高校教育中"知识中心""教室中心"等问题的有力理论武器。正因为是临界性，教学活动中的很多面向对象的认识问题就没有统一标准，尚在探索之中，所以要有探究性教学、研究性学习、讨论式教学等。

（三）高校教育的价值实现

价值实现是主体论研究的一个新视角。以前的主体论重点研究价值本身，主要从价值构成、价值生成、价值变异等方面入手。价值实现就是突出价值的实践属性，使原有的价值如何从潜在状态变为行为表现。高校教育作为人类社会教育生活的一个阶段或一种人类社会生活，其根本目的就是价值实现，即主体的价值实现、对象的价值实现、活动的价值实现。就主体的价值实现来说，至少有学生为实现个体全面发展的价值诉求；教师为达到成就认可与事业发展的价值诉求；学校为体现社会功能与发展力的价值诉求；政府为提高国际竞争力而发展高校教育的价值诉求；社会有寻求人人发展、人人平等、人人贡献的价值诉求。高校教育活动对象的价值实现就是实现知识育人的功能服务。活动本身的价值实现就是引导教师和学生共同探索社会、自然和人类自身的发展规律，进行相关认识和探索实践。因此，关于高校功能的三分说实际是机械主义的产物，对特定高校和一般高校教育来说是正确的，但也在世界范围内误导高校的发展，形成大批同质化高校、模式化高校。高校教育的价值实现就是基于自身目标的价值转化，与外在的功能规定性毫无关系，即使强加也不可能实现目标。

教育者首先必须受教育，要想别人提高理性首先自己必须符合理性。即使受教育者的觉悟尚未达到理性的高度，或者他（她）的思想、行为尚包含着非理性，也必须尊重他（她）、关心他（她）、爱护他（她）。只有先尊重他（她）、关心他（她）、爱护他（她），才有可能启发他（她）、教育他（她）、改变他（她），而且还必须出于真诚的愿望和善良的动机。

第三节　高校教育教学方法创新的原则

建构高校教育教学方法创新理论是为了推进高校教育教学方法创新实践。高校教育教学方法创新的原则是以基本创新理论为前提，按照激化矛盾冲突、假设科学有效和追求教学效率最大化的基本规律，指导和规范创新实践的准则。以适切性为特征的创新原则和以有效性为特征的创新目标是不断发展变化的，不是一种判断教学方法的价值标准，它们在不同教学情境下有不同的要求，绝不可一概而论，否则就会忽视高校教育教学方法的复杂性和丰富性。

一、科学性原则

高校教育教学方法创新无论在方法论层面还是在具体的教学艺术与技巧层面进行，首先必须是科学合理的而不是随心所欲的，是科学性与艺术性的统一。同时，创新活动还必须同时符合相应学科规则和学科规律的基本要求，违背任意一方面的基本规定要求，方法创新就是为创新而创新的形式主义，不仅不能达到理想效果，还会失去教学方法创新的本来面貌。为了做到教学方法创新符合科学性原则，在创新活动实施之前，就应当对创新活动的实施以及结果有个基本评估，使其尽可能合理，操作更便捷。

二、相对性原则

创新本来就是相对于原有状态而言的，任何创新都不可能达到绝对的最优、最佳、最美、最先进的程度。教学方法创新的相对性，是针对人类既往所使用的一切教学方法而言，都是总结和继承传统教学方法合理成分而开展的相对完美的创新，没有过去就不可能有教学方法的创新，无论从具体形式还是从组合方式以及所产生的后果，只要取得了相比以前更好的效果，就是成功的创新实践。特别重要的一点，就是真正的教学方法创新必须是能够推广的，而不是"独门绝技"。以前的很多教学方法创新，虽然在个别或局部领域产生了比较理想的成绩，但是推广价值不大，影响面小。这是我们开展教学方法创新所必须坚持的一项基本原则。否则，一切创新都会成为过眼烟云，不会给高校教育教学留下有价值的经验和财富。

三、适切性原则

教学方法创新的基本要求是符合教学需要，创新是实实在在的实践活动，不能有理想主义的侥幸心理。教学方法创新设想一定要适合教学内容、教学对象、教学目标以及教学时代与环境的需要，方法是服务于内容、服务于主体、服务于目标、服务于环境条件的，不同方法适应不同内容、主体、目标、环境。因为高等学校的基本教学要素几乎时刻在变化，这要求教学方法创新活动也必须每时每刻、无处不在。即使是同一个教学内容、相同的教学目标和同一个教学时空，学生的情况也各不相同，可以尽最大努力实施多样化教学方法。

四、开放性原则

高校教育教学方法创新需要有一个开放的环境和宽容的氛围方能顺利进行，就教学方法创新的内在需要而言，一要有开放的视野，不要仅在教育学的圈子里也不要仅在已有的高校教育学圈子里打转。创新就是突破和超越，站在井底就超越不了井口的视野，因此要鼓励多学科、多领域、多国度的学习借鉴，当然这种学习借鉴必须是认真消化了的、切合高校教育教学基本要素需要的。二是在教学管理上对待教学方法创新也必须是开放的，课堂就是教师和学生的课堂，要提倡把课堂还给教师和学生。三是在教学方法创新结果以及评价方面也必须持开放态度。既然是创新，就要允许有多样化结果，不能用传统的结果观念和标准考虑创新的教学实践活动。同时，在评价某位老师某门课程的创新价值问题上，也应该科学地看待评价主体的认识能力及其当下的感受，有时当下的感受可能是不真实的，需要很长一段时间加以内化、比较以后才能做出客观的评价，所以不应苛求课后即时评价。对教师来说，所谓的教学风格主要也是运用教学方法的相对固有模式，这种模式不在于让每一次教学活动都感受深切，但是一定要有所变化，有所改进，风格正是在一届又一届的学生事后评价中产生的。

五、公利性原则

公利即公共利益，它与私有利益相对。在人类社会发展中，对"私利"的研究和剖析较多，而对普通的"公利"却相对较少。公与私是一种系统联结概念，并非对立。公的根本价值在于为私服务，在于为私与私之间的利益分配提供公平保障。公是一个相对概念，从小处说是"私之外"，从大处说有国家民族之"公"、有人类社会之"公"。利就是具有某种可用性的价值体，分自然存在物之利和人为事物或事务之利两种。高校教育教学方法属于人为的无形有用价值，无论是使用还是创新都是属于公利范畴，按照"强互惠"理论就是一种典型的公利行为，比如人类教育的产生、义务教育的规定性、高校教育大众化进程等都是宏观的公利性。教师在教学活动中的教学方法创新，必须是公利性的。作为一个教师，公必然源于私。但是，一定要注意处理"公心"与"公利"的关联。尽管出于"公心"，但也要明确利为谁谋。私心谋私利，公心不一定都是谋"公利"，为了眼前的

"公"谋利,是一种有回报的弱互惠交换行为,算不上公利性。也不是常见的平均主义式的公平利益,而是适宜于每个学生发展的内在的公平之利。

第四节 高校教育教学方法创新实践

高校教育教学方法创新路径是高校教育教学方法创新活动中重要的实践要素。对这个问题的研究,既可以是对过去或现存状态的追寻或总结,也可以是对未来教学方法创新的价值建构。教学方法的工具理性决定了它是没有意识形态的结合,无论是过去已经存在的教学方法创新还是未来需要着力改进的新创新方法,无论是各种自创的创新方法还是学习借鉴而来的教学方法,都值得推崇,但都要客观地分析教学方法具有人文环境的适应性和技术支撑条件的差异性。

高校教育教学方法创新的基本路径构建,科学性和新奇性是两个基本判据。教学方法的内在规定性是"价值实现"和"感受共存",这对教学方法创新实践同样具有理论指导意义,"价值"是科学性创新路径的规定,"感受"是新奇性创新路径的规定。无论是自创或借鉴的已经存在的教学方法,其本身的价值或科学性一般不存在怀疑,但是作为"感受"所必需的新奇性要加以重视。

一、高校教育教学方法创新实践

在教学方法创新实践活动中,掌握一些创新原理和方法只是能否实现创新的前提,并不是解决创新问题的关键。只有不断深入学习、深刻理解创新方法,积极开展创新实践,才可能有效地掌握创新方法,取得创新成果。

高校教育教学方法创新策略,必须提示两点:一是在方法创新过程中,借鉴国外高校教育教学方法是一个有效途径,目的不是为了说明那些方法的好坏,而是提高教学方法的丰富程度,即感受性的最大特点就是丰富性;二是要重视教学方法人文环境适应性和技术支撑条件差异性的存在,在学习借鉴时,就要根据不同对象并分析该方法创制的原始背景,加以利用并注意克服推行过程中的技术限制因素,尝试其他途径或通过相关技术解决问题,这本身也属于创新思维范畴。结合创新理论原则和高校教育教学方法的历史与现状，总结分析得出成功而有效的教学方法的创新方法主要有如下几种。

（一）组合法

无论是在自然界和人类社会，组合创新非常普遍。就教学方法而言，就是两种或两种以上的方法或方法理论的一部分或全部进行适当叠加和组合，形成新的教学方法。组合法是创新原理之一，也符合教学方法创新实践。

（二）分离法

分离原理是把某一创新对象进行科学的分解和离散，使主要问题从复杂现象中暴露出来，从而理清创造者的思路，便于抓住主要矛盾。分离原理在创新过程中，提倡将事物打破并分解，鼓励人们在发明创造过程中，冲破事物原有面貌的限制，将研究对象予以分离，创造出全新的概念和全新的产品。教学方法创新的分离法，就是将过去或原有的司空见惯的方法加以分解，按照一定逻辑关系进行整理，然后突出某一部分甚至将其扩充放大，成为一种等同甚至超越原来方法作用的新方法。

（三）还原法

还原实际就是要避开现行的世俗规则，即将所谓"合理"的事物设定为"非"，而将事物的原状设定为"是"，就是要善于透过现象看本质，在创新过程中能回到对象的起点，抓住问题的原点，将最主要的功能抽取出来并集中精力研究其实现的手段和方法，以取得创新的最佳成果。教学方法创新与其他任何创新一样，都有其创新原点，寻根溯源找到创新原点，再从创新原点出发去寻找各种解决问题的途径，用新的思想、新的技术、新的手段重新构造方法，从本原上解决问题，这就是还原创新方法的精髓所在。

（四）移植法

创新理论认为，移植法是把一个研究对象的概念、原理和方法运用于另一个研究对象并取得创新成果的创新原理。"他山之石，可以攻玉"，移植法的实质是借用已有的创新成果进行创新目标的再创造。教学方法创新活动中的移植法，可以采取同一学科领域的"纵向移植"（我国高校教育教学方法的通用手法是非理性的"下位"的基础教育教学方法"上移"，而当前基础教育教学创新中则采取的诸如研究法、实验法等更多是将"上位"方法"下移"），也可以采取不同学科领域、不同地域的"横向移植"，还可以采取多学科领域、多地域教学方法的理念、思维和方法等综合引入的"综合移植"。移植能够取得新的成果，在教学方法方面，移植也符合"感受共存"中的新奇性标准——没尝试过的就是新奇的。

（五）逆反法

逆向思维是一种重要的创新方法，逆反法要求人们敢于并善于打破头脑中常规思维模式的束缚，对已有的理论方法、科学技术、产品实物持怀疑态度，从相反的思维方向去分析、去思索，去探求新的发明创造。实际上，任何事物都有着正反两个方面，这两个方面同时相互依存于一个共同体中。教学方法中有一种备受推崇的"深入浅出"方法，其实，从逆反法的角度分析，高校教育教学中的很多课程内容可能并不适合"深入浅出"，而更需要"浅入深出"才能达到引人入胜。

（六）强化法

强化是一般创新方法之一，它是基于科学分析基础上的一种"包装术"，即合理策划。强化法主要对原本一般的方法通过各种强化手段进行精炼、压缩或聚焦、放大，以获得强烈的创新效果，给人以感觉冲击。分析国家级"教学名师"们的教学方法，很多都是采用强化法，把普通的教学方法"概念化"，或者按照分离法的原则将一个普通方法的局部元素加以剥离、充实，并开发到极致、应用到极致，并打上首创者的名号，这样获得的教学方法不仅是"新"的，也是"强"的。

（七）合作法

高校教育教学活动是典型的深度合作活动。推进高校教育教学方法创新，思路之一就是应该从教学活动的本源入手。有学者分析"对话教学法"是以师生平等为基础，以学生自主研究为特征的典型合作创新方法，并由此推演出"以教师为中心""以学生为中心""师生关系平等"和"突出问题焦点"的四种对话教学模式。

其实，对话教学法是合作创新的范例，任何教学方法的创新，从创新主体而言，合作的路径是无限宽广的。因为，科学的发展使创新越来越需要发挥群体智慧才能有所建树。早期的创新多依靠个人智慧和知识来完成，但像人造卫星、宇宙飞船、空间试验室和海底实验室等，需要创造者们能够摆脱狭窄的专业知识范围的束缚，依靠群体智慧的力量、依靠科学技术的交叉渗透。

二、高校教育教学方法创新实践评价

推进和深化高校教育教学模式创新实践的一个重要命题是如何开展教学方法评价。教学方法评价得当与否，是教学方法创新实践成功与否的先决条件。因此，建立适合高校教育教学内容、教育对象、教学发展特点的教学方法评价机制，有利于推进教学方法创新实践活动。

教学方法创新评价的起点是教学方法常态评价，通过对教学方法的常态评价促进教师的教学方法创新，通过教学方法创新评价进一步科学引导教师的教学方法创新实践。教学方法常态评价就是对任何在教学活动中，教师所使用的教学方法状况及其影响给予分析判断，提出建议。

教学方法常态评价的目的不在于推选出一种或几种最优教学方法，而在于促进教学方法的多元化和有效性，使学生求知欲得到满足，从而激发学习兴趣，增强学习动力，提高教学活动的整体水平和质量。"最优"教学方法是不存在的，所有有效的教学方法几乎都是组合性和适切性的产物。因此，常态评价的标准不是组织设计性的，而是一种常模状态下的灵活评价标准，即符合基本教学方法要素、适应不同教学内容和教学对象，教师和学生的感受趋于一致。当然，由于教学方法最后是以"感受"为评判基础的，"新奇性"创新标准经常容易被教师误用为"取宠术"，满堂取悦于学生的奇闻轶事，这是在实施常态评价时应引起关注的。同时，教学方法常态评价过程必须是动态的，不能以一两次评价代表某位教师的某门课程教学方法状况。

高校教育教学方法创新评价是在教学方法常态评价基础上用来引导和规范教学方法创新活动的手段之一，评价结果反映在教学活动中。进行创新评价或者评价某个教学活动中的教学方法是否具有创新性，至少应该符合以下四项原则之一。

（一）批判性原则

与常态评价不同，考证一位教师的教学方法是否具有创新性，首要的判据不是稳妥、正确，而是方法中的批判性成分，包括该方法对教学内容、现行结果等是否具有反思维或质疑，对学生的问题意识、探究情怀是否有暗示作用。在评判原则之下，可以有非常多的具体方法，只要它们具备批判属性，都属于教学方法创新范畴。

（二）挫折性原则

无论是抽象的观念还是具体的方法，但凡具有"新"的本质属性，或多或少存在不被立即接纳和认同的可能，人类社会在漫长的进化史中，有一个共同的经验就是对于"新"既怀有期盼，又保持着戒备。一种新的教学方法被创设或引进到一个教学情境中，必然会有一定的风险，会遇到各种阻力乃至反对。教师对于风险的评估以及是否决定推行是内阻力，而遭遇风险是外阻力。无论是内阻力还是外阻力，都是任何新方法所必须面临的挫折。同时，这种方法本身在实施过程中还含有"挫折"意蕴，比如项目教学法就使学生在参与实施新方法的过程中体悟到探究、推演的复杂性和艰难，在挫折中寻求成功，进而体会新方法的意义和愉悦感。这种方法也是对高校学生进行学术品格培育的有效途径之一。

（三）丰富性原则

有效的教学方法很少是单一性的，通常是多方法的组合运用。评判一次教学活动或者一位教师一贯的教学方法是否具有创新性，应该考察其方法使用的丰富程度。人类在漫长的教育教学历程中，创造了无数的教学方法，其中每一种方法都没有好坏、正误之分，关键是否适合这种方法的对象与教学内容、教学情境。教学是种非线性规律活动，每一种教学方法都有其产生的特殊原因，而相同原因出现的概率非常少，因此，某一种方法只能在其相似条件下才能发挥作用，更多情况下是各种方法的融合与杂交。具有创新性的教学方法必须具有丰富性特点，单一的方法在现今条件下即使具有创新性，也一定非常微观，解决不了常规教学层面的问题。总结教学名师们的教学方法，在其"品牌性"之外，都有非常丰富的教学方法贯穿教学活动之中，其中还有一些是教学方案设计之外的"非设计"方法，被教师们临场发挥，服务于特殊需要的教学过程。

"非设计"方法是教学方法创新丰富性的表现之一，它也准确地反映出不同教师运用教学方法的能力和水平，高水平的教师可以在教案设计方法之外游刃有余、得心应手地选择恰当的方法开展教学，而初任教职的可能在教案中设计了若干教学方法，但有可能一些方法根本没有用上就结束教学活动了，或者用一些超出教学安排的教学来满足学生的兴趣。

（四）关联性原则

高校教育教学方法的实现途径随着技术进步发生着快速而深刻的变化，多途径实现教学目的成为现代高校教育教学方法创新的革命性特征，从"粉笔加黑板"进化到幻灯、进化到多媒体、进化到网络课堂，有效地提高了教学效率，为交互式教学提供了时空与技术保障，师生教学灵感也能及时被捕捉和储存。但这只是教学方法创新关联性的一个方面，即方法与手段的关联。级联递增式的关联性在一定程度上否定了教学方法的技术元素，完全依赖现代教学技术推进教学方法创新也不妥当，因为人类的教学活动从产生到现在，从来就不单纯依赖技术。尽管现代网络课堂或课程正在逐步兴起，这可能从感觉上给世界各地高校教育教学方法掀起一次话题讨论，但通过网络传播"最优"教学方法的可能为期尚早，更多是学校的一种魅力与形象的展示。因此，关联性创新原则要求教学方法不能在技术面前无所作为，也不能搞"唯技术论"，还必须回归教学活动中"教"与"学"的本位开展创新，人是社会生活中最活跃的因素，离开先进技术设备条件依然可以开展教学方法创新活动。

对教学方法及其创新性的评价，主体必须是多元的。高校教育教学方法创新属于学术文化范畴，对于教学方法的评价不属于高校教育的行政管理，而是学术管理。学术性评价的主体应该是多重、多元的，只有这样才能靠近教学方法以及教学方法创新性的本质。教学方法创新评价主体，首先是教学活动直接参与者的教师和学生这个二元主体。而且学生这一方面的情况还是动态变化的，即某位教师的某一门课程的教学对于某一年级的学生一般只有唯一的一次，待教师重复进行教学时，学生已经全然改变。因此，教师的教学方法创新为什么滞后，关键就在于学生对某门课程的学习以及对教师教学方法的"感受"是唯一不可重复的，即使有一些中肯的建议，但检验这些建议是否被采用的，则是下一届学生。所以，对教师教学方法创新评价主体中学生的界定，必须是持续几个年级的学生。或者，对于通用性强的公共课程、专业平台课程等，要把学生全部纳入评价主体的范围，但这对大量专业性课程不适用。教学方法创新评价的主体应该是教学团队成员。无论这个团队是否形成建制，或者规模大小、关联强弱不一，但通过这个团队，可以从"方法适应内容"角度准确界定教师教学方法使用及创新状况。至于很多高校教育已经组建并运行的"教学视导"机构的人员，是教学方法创新的评价主体之一，但由于学科专业的巨大差异，他们只能从通用性方法，即从符合教学一般规律性的方法入手加以评价，不能代替教学团队的评价。教学管理部门参与教学方法创新评价是间接的，只能从程序设计、持续推进、结果反馈和分析等方面着手工作。

第五章　我国高校创新型人才培养
的制度创新

　　高校创新型人才培养是一项社会系统工程，要适应国家和社会发展的需要，遵循教育规律和人才成长的规律，更新人才培养观念，改革人才培养体制，创新人才培养模式，深化教学改革，创新教育教学方法，探索多种培养方式，形成各类人才辈出，创新人才不断涌现的局面。做到宏观方面，注重大学文化传承创新；中观方面，创新人才培养模式；微观方面，发挥教师的主导作用，落实学生的主体地位，构建和谐的师生关系。通过宏观、中观与微观方面的制度创新，从而全面探索我国高校创新型人才培养的可能路径。创新具有我国特色的人才培养体系，构建具有我国特色的人才培养模式。

第一节　宏观方面的制度创新

一、注重大学文化传承创新，体现文化育人作用

　　文化传承创新是培养创新型人才的重要举措。当前我国高校要培养创新型人才，就必须强化文化传承创新的理念、弘扬优秀传统文化的精神、建设自由开放的文化环境和营造良好的教学文化氛围。

（一）强化文化传承创新的理念

　　"理念实际上就是一种文化现象，文化传承创新是大学文化的表现形式，大学是一个

充满理念的组织机构，是学校持续发展的力量源泉"，大学理念体现了大学的精神，它对大学的指导思想、社会定位、教育目标、功能作用、教育方法和学生的影响都具有直接而重要的潜在影响。大学文化传承创新作为大学特色文化建设的理念，在大学发展过程中，应首先确定其核心地位，使之脉络清晰，条理清楚，而不应散乱无序，本末倒置。大学理念传达出大学的文化精神，彰显了大学的文化特色，凝练了大学的精神与内涵，催生出不同大学文化形态的差异，获得不同的办学效果，从而产生不同的社会影响。在知识经济和信息社会，作为理念的大学文化传承创新，应坚持大学的教学、科研相互促进和相互融合，在教学中进行科研，依靠科研进行教学，推动大学的社会服务能力，创新人才培养模式，构建创新人才培养制度。人才培养特别是高级专门人才的培养是大学的第一要务，这也是大学文化传承创新的关键所在。大学要把文化传承创新与创新人才培养结合起来，必须在知识和学问中创新大学的文化特征，从而逐步形成由大学环境、大学制度、大学行为和大学教学等构成的核心理念，为创新型人才的培养提供文化保障和思想指导。

（二）弘扬优秀传统文化的精神

民族传统文化是一个民族的精神与血液，是一个民族在长期的生产实践和社会生活中所形成的一切知识、规范、礼仪、习俗等的总和。其中，大多数民族传统文化都是以文字为载体存在于经典著作之中，并对人类的存在和发展产生潜在而深远的影响。传承创新民族传统文化，须以学习民族传统文化为前提，这种学习既有纵向的学习，也有横向的学习。无论是纵向的学习抑或横向的学习，其最佳方法便是阅读经典。经典著作是民族传统文化的精髓，其思想内容是经实践证明具有恒久的价值。经典阅读内容相当丰富，中国的有《论语》《老子》以及四大古典名著等，国外的有古希腊和罗马思想家的著作，文艺复兴时期的文学、艺术和哲学著作等。当然，经典并非固定不变，具有因人而异的性质与特点，要依个人的爱好和兴趣而定。实质上，大学文化的传承过程也就是文化创新的过程，同时是创新型人才培养的过程。在大学文化传承创新和创新型人才培养过程中，要把文化的选择、研究与传导结合在一起，要激活知识，引发学生学习的兴趣，促进学生思考，从而实现学生知识的内化和转化。让学生在学习知识的过程中感知文化和创新文化，为实现创新型人才的培养提供精神养分。

（三）建设自由开放的文化环境

学术自由、大学自治和教授治校是世界著名大学的优良传统，是经实践证明对大学发展具有重要指导意义的理论规范，必将对未来大学的发展继续产生重要的影响，并具有恒久的价值。大学作为社会的主要文化机构，其产生伊始便把自然、社会和人作为自己的关注对象和建设对象，充满着对人类生命价值的终极关怀，处处彰显着对国家、民族、社会乃至整个世界的责任意识和使命感。大学是大师荟萃之地，是高级知识分子集中汇聚的地方。大学学生在自由、多元、开放和包容的社会环境中才能激发出创造的灵感和火花。实际上，自由和开放应是现代大学发展的核心价值所在，现代大学的文化环境也应是自由的和开放的。自由包括思想自由、学术自由和教学自由，开放实际上指大学应"打开"校门、融入社会和走向国际，真正地走出象牙塔。因此，大学文化传承创新是创新型人才培养的源头活水。大学在自由和开放的精神价值指引下，以追求真理和奉献社会作为崇高理想，遵从自强不息和严谨治学的科学态度，营建团结协作和兼容并包的学术氛围，通过大学文化环境的建设，从而促进创新型人才的培养。

（四）营造良好的教学文化氛围

教学工作是学校的中心工作，教学文化是大学校园文化的核心。在文化传承创新中培养创新型人才，关键是要创造良好的大学教学文化。外界事物作用于学生，包括国外经典文化、民族优秀传统文化和大学理论精神等方面的影响，一般都要通过学校文化特别是学校的教学文化为中介。学校教学文化的形成取决于学校教师的教学理念、教学风格和学校课程文化等。大学教学文化实际上是大学为了实现人才培养目标所形成的观念体系和价值规范。大学要实现创新型人才的培养，就必须高度重视大学良好的教学氛围的营建，要重视教学在人才培养中的地位，改变传统的教学方式、方法，废除满堂灌、填鸭式教学，采用问题式教学和探索式教学，注重培养学生的批判性思维和动手实践能力，加强批判性课程和个性化课程的开设，并积极为创新型人才的培养营建良好的教学文化氛围。

第二节 中观方面的制度创新

中观方面的制度创新主要指高等学校内部层面的制度创新。也就是说，高校要培养创新型人才，就必须塑造现代大学精神、创新人才培养模式。

一、塑造现代大学精神，创新人才培养理念

现代大学精神表现为崇真求实、敢于批判、自由创造和社会关怀，对高校人才培养理

念的创新具有重要的启示意义。因此，高校要培养创新型人才，就要在大学精神的指导下，形成人人成才的理念、学术自由的理念和个性教育的理念。

（一）人人成才的理念

树立人人成才观念，面向全体学生，促进学生成长成才；树立全面发展观念，努力造就全面发展的高素质人才。也就是说，高校的创新型人才培养要面向每一个学生，要让每一个学生都得到自由而全面的发展，全社会要尊重每一个学生，相信每一个学生，理解每一个学生，相信每一个学生都具有潜在的发展可能性，人人都可以成为具有创新精神和实践能力的创新主体。全社会都要尊重知识、尊重人才，要表彰先进、宣传先进和激励先进，形成鼓励创新、鼓励创业和鼓励创造的社会环境氛围。学校要优化教育资源配置，使图书馆、实验设备向每一个学生开放，制度和机制的制定要面向全体学生，要为每一个学生提供公正、公平和均等的发展机会。教师要具有坚定的教育信念，具有育人的自信和成才的自信，要相信每一个学生都能成才，不能放弃每一个学生，在教学过程中深入地研究学生，针对每一个学生的特点和专长进行针对性教育，因材施教、扬长避短，充分发挥每一个学生的学习自主性和创造性。

（二）学术自由的理念

学术自由是现代大学的基本理念，特指教师与学生在教学、科研以及社会服务过程中所具有的自主性。就教师而言，其学术自由表现为自主地探求真理、传授知识以及自主地选择教学方式等；就学生而言，其学术自由表现为可根据自身的兴趣爱好自主地决定学习的内容、自主地发表学习评论以及自主地获得学习结论等方面的过程。学术自由是高校进行创新型人才培养的基本前提，根据古希腊哲学家的观点，"个人只有在自己'自主'时才是真正或'自由的'或充分'发展的'"。一位德国教育家认为，"大学生是能够独立自主地把握自己命运的人"，他们应该获得学习的自主和自由。现代学术自由强调教学自由、科研自由与学习自由，是大学的灵魂所在，主张以人为本，关注学生的价值和尊严，强调学生的个性和才能自由地、创造性地发展。但是学术自由也并非毫无限制，其自由度也有自身存在的范畴体系，不能背离社会公序良俗和社会伦理。就高校的创新型人才培养而言，主要侧重于强调学生可自由地探索真理、自由地发展个性以及自由地选择学习内容等。

（三）个性教育的理念

个性教育是创新型人才培养的内在价值诉求，人的个性发展是创新的源泉和基础。创新型人才的个性是指具有独特的精神面貌、健全的心理品质，包括具有强烈的事业心、责任感和好奇心，对一些问题具有独树一帜的批判意识和怀疑精神，在社会实践过程中讲求不盲从、不唯书和不唯上，只唯实，并能对自己感兴趣的事物持之以恒地进行探索，不会因为困难和挫折而改变自己的思想信念等。一位教育家指出："教育工作者再也不应该是多少有些天才的知识传授者，而是培养个性的专家。"实际上，人的充分自由发展是建立在人的全面发展的基础之上的个性自由的发展。本质上是指人发展的自觉、自愿和自主性。因此，高校要培养学生的个性品质，需要转变高等教育的思想，树立个性化教育理念，要根据学生发展的实际情况，给予学生不同的发展机会，尊重学生的发展差异，保存并有效挖掘学生发展的内在潜力，引导并促进每一个学生的能力和个性都得到充分的、自由的和全面的发展，从而实现自身发展潜力的巨大化、多元化和个性化。只有这样，才能充分发挥学生的个性和特长，培养出各具特色的科学研究型、技术应用型、经营管理型等方面的创新型人才。

二、改革人才培养体制，完善大学内部治理

改革人才培养的体制，前提条件是要首先完善大学的内部治理，即要完善高校的机构设置、权力制度、组织制度以及完善高校管理职能等。

（一）完善高校机构设置

机构设置是高校创新型人才培养的重要组成系统，其设置的情况在一定程度上反映一个学校对创新型人才培养的重视程度。中国有一句俗语叫作"名不正，则言不顺；言不顺，则事不成"。因此，根据当前我国高校创新型人才培养的实际情况，需要进一步完善高校创新型人才培养的机构设置。一是要把当前的高校创新型人才培养从一种试验性的活动改变为高校的一种普遍性、自主性、自发性的活动，要在一定条件下整合学校教育资源，高校结合自身的实际进行试点，开始时可以根据自身特色取一个名称，可以叫"××计划""××班级"或"××学院"等。随着管理的完善和效果的体现，当试点计划成为高校普遍的、自觉的行动，并且星星之火成为燎原之势时，就要逐渐取消这些称谓。二是当取消这些称谓时，并不意味着高校创新型人才培养已经结束，恰恰相反，而是根据各高校创新型人才培养的特色，在教育行政部门的领导下，设置统一的管理机构进行规范化、制度化的管理，改变由学校教务处单独负责的情况，实施职能化、科学化和专业化的管理。三是改变教务处和人才培养院系职责不分的情况，明确彼此之间的职责，教务处作为

教学管理的职能机构，在创新型人才培养的过程中确实具有重要的作用，但并不是要包揽一切。实际上，创新型人才培养的工作最终要由教学院系来完成。因此，正确而科学地划分教学院系与教务处的职责对于我国的高校创新型人才培养来说具有重要的意义。

（二）完善高校权力制度

构建高校内部管理制度，面临的第一个问题是权力如何分配的问题。从理论上讲，大学作为一个特殊的社会组织，明显存在着二元权力组织结构的特点，学术权力与行政权力是其至关重要的两种权力组织形式。从大学职能的角度上说，两种权力的行使，都是为了更好地履行教学、科研和社会服务的职能，都是为了更好地培养出具有创新精神和实践能力的创新型人才。然而，由于学术权力与行政权力毕竟是两种不同的权力系统，二者共同对大学的各项事务产生作用、发挥效能，应通过制度的形式确定好二者之间的关系。一是要确立学术权力的中心地位不动摇，并以完善制度和机制作为保障，促使行政权力为学术权力服务，在健全学校各种学术委员会的基础上，定期召开以教师为主体的教职工代表大会，吸收没有行政职务的专家、学者代表参加校务委员会，确保他们有对学校重大问题进行决策的机会。二是不可完全淡化行政权力，确立学术权力的中心地位并不是说学术权力就至高无上，可以无视行政权力的存在和作用，而是要对两种权力进行科学的划分，不应该以行政权力替代学术权力，也不应该以学术权力替代行政权力。三是重视对高校创新型人才培养的权力制度的设计，也就是要充分发挥院系一级、教师和学生在人才培养过程中的自主性作用，对创新型人才培养的行政权力和学术权力进行一个科学的划分，各自均有不同的职责与任务，而不应该漠视行政权力与学术权力的边界。

（三）完善高校组织制度

高校的组织制度是指高校通过什么形式来组织领导学校的各项工作，结合我国高校创新型人才培养的实际情况，需要进一步优化校长负责制，完善高校组织领导制度。一是要正确行使组织领导权，提高全校师生对创新型人才培养的科学认识，要从党的思想路线上正确认识高校的创新型人才培养，使党的方针政策得到贯彻落实，确保创新型人才培养的社会主义办学方向。二是领导既不能空泛，也不能大包大揽，要全方位支持校长的工作，组织一切教育资源支持校长开展的高校创新型人才培养。三是大学校长应是懂教育的专家，对素质教育和创新型人才培养具有独特的认识，具有全面组织学校的教学、科研和其他行政工作的能力。

（四）完善高校管理职能

高校的管理职能包括决策、执行、监督和激励等。高校要培养创新型人才，就需要进一步完善高校的决策机制、执行程序、监督条例和激励措施等。当前我国高校在创新型人才培养方面还存在管理职能方面的诸多现实困境，因此，完善高校管理职能显得相当必要。一是要进一步厘清教务处与创新型人才培养院系之间的权责关系，两个部门之间应该建立一个共同决策的平台，让二者之间有沟通、有交流和有协商，最好像部分实验计划一样，设置一个单独的职能部门协调二者之间的关系。实际上，无论新设置的职能部门也好，原来的教务处也罢，其只是发挥协调、服务的作用，不可能取代教学院系的功能，因为创新型人才的培养最终都要回归教学院系。二是应组建由学校领导、中层干部、专家教授、青年教师、班主任和辅导员等代表组成的学校创新型人才培养监督机构，这种监督机构应以学科或专业进行划分，学校的每个院系都应有这样的机构。还要完善这种监督机构的制度建设，要做到高校创新型人才培养有制度可循和有规章可守，要避免创新型人才培养的随意性和无目的性。三是要完善高校创新型人才培养的激励机制，加强制度建设，注重调动教师工作的积极性、主动性和创造性，发挥学生学习的自主性、目的性和计划性。

三、创新人才培养模式，健全教学管理制度

创新人才培养模式，必须要践行形式多样的教学管理策略。通过转变教学方式、实施导师制度、施行学分制度和完善分流制度，从而健全高校的教学管理制度。

（一）转变教学方式

转变教学方式，最根本的就是让学校的课程焕发生命与活力，形成学生灵活多样的学习方式，最大限度地激发学生学习的热情和能量。一是要转变教学观念，充分关注学生的学习与发展，摆脱应试教育，取消以教师为中心的教学方式，逐步形成以学生为中心的教学方式，重视学生的兴趣爱好和个性特点，要立足于现有的教育资源和条件，创造性地利用和开发各种教学手段和媒介，把各种不同的教学内容蕴藏于形式多样的教学方式之中。二是要超出以印刷品为媒介的时代局限，充分利用现代信息技术来促进教学方式的转变，教师应从知识权威、个人权威中解放出来，不再局限于单纯的教科书解读，而应立足于现有的教育信息技术，通过课件的形式帮助学生理解掌握学习中的疑点和难点，使网络技术成为学生自主学习、自主发展的资源和空间。三是要明确转变教学方式的目的是促进学生学习方式的转变，通过教学方式的转变引导学生研究性学习、合作性学习和讨论式学习，

形成以学生为中心的教学方式，其根本目的在于鼓励学生的创新精神、批判精神和社会关怀精神，培养学生探索真理、独立自主和创新创造的品质和能力。

（二）实施导师制度

高校实施导师制度的根本目的就是对学生进行针对性的培养，以发展学生的个性作为人才培养的目标，从而提高学生学习的主动性和创造性，达到培养创新型人才的目的。一是各学院需要建立导师委员会，设置领导小组，加强对导师工作的组织与领导，导师委员会实施定期交流制度和会议讨论制度，主要负责选聘导师、听取各导师的工作汇报、安排下一阶段的工作并对工作进行督促检查等。二是各导师的基本职责是负责与指导的学生共同制订学生个人的人才培养方案和计划，对学生进行学业方面的指导，包括指导学生进行选课、指导学生的科学研究、对学生进行学习方法的指导以及培养学生健全的人格等方面。三是实施多种形式的导师制度，把班级导师制度、学业导师制度、实践导师制度和企业技术人员导师制度结合起来，还可以把辅导员制度、班主任制度和导师制度结合起来。最后，应对整个导师制度进行工作职责方面的完善，对受聘的导师进行工作量方面的核算，把考核的成绩作为评职定级的依据。

（三）施行学分制度

学分制度是很多著名高校进行人才培养的重要举措，目前对高校的人才培养具有重要的启示作用。选课制度是学分制度的基础，选课制度是指允许学生在学校规定的课程范围内自由选择专业、选择课程、选择任课教师、选择上课时间以及自主安排学习进程等方面的制度体系。在学分制度实施的过程中，选修课程的比例与学生选课的自主权已成为当前实施学分制度的关键点。一是要进一步实施多样性的课程体系，把必修课、选修课、虚拟课以及素质拓展课程结合起来，适当增加选修课程的比例，鼓励教师开设新的选修课程，为教师开设新的选修课程创造条件，要按学科门类设置选修课，实施跨校学分制度，校际相互选课，互认学分，充分发挥学生学习的自主性、能动性和创造性。二是要提高课程开设的质量，根据课程的性质、内容确定课程的学时安排，对必修课程和选修课程一视同仁，不能厚此薄彼，要引入竞争机制，通过学生自由选课来实现教师之间的良性竞争，从而促使教师开好课程并上好课程。三是要加强对学生选课的管理和引导，实施选课的网络化、信息化和现代化管理，充分发挥好导师制度的指导作用，根据学生的个人培养计划，优化学生的课程结构，避免学生在选课过程中趋易避难的情况，从而提高人才培养的质量。

（四）完善分流制度

个性化教育是创新型人才培养的基本理念之一，特别强调在人才培养过程中要尊重学生的个性特长和兴趣爱好，这从一定程度上要求对学生进行分流、分类培养。一是从总体上要基本确定分类招生、分类培养的设计思路，充分尊重学生选择专业的自主权。众所周知，刚参加完高考的学生由于自身对社会认识的局限性，不能很好地认识社会需求与自身特长之间的关系，此时选择专业对他们来说是一件相当难的事情。但是，如果让学生在大学进行一到两年的通识学习，在学习过程中充分发掘自己的爱好特长，这对学生的专业选择来说可能是极为有利的事情。二是在分流标准设计上，应充分尊重学生的兴趣爱好，并以学生前期的学习基础作为专业分流的基础。在专业的选择方面，应以学生的学习意愿、前期学习成绩以及社会需求进行专业分流。对于经过一段时间的学习，确实不能在原专业进行学习的学生，可以制订严格的程序进行专业的转换。三是应特别注意，在对学生进行分流培养的过程中，虽说要以尊重学生的兴趣、特长和志愿为出发点，但应根据经济社会发展的需求，结合学校的教学资源优势，合理地调整各专业学生的学习人数，避免学校各专业学生人数的失衡。

第三节 微观方面的制度创新

微观方面的制度创新主要指教学层面的制度创新。也就是说，高校要培养创新型人才，在制度创新方面就要发挥教师的主导作用、体现学生的主体地位并构建和谐的师生关系。

一、发挥教师主导作用，创新教师教学方式

创新人才培养制度，就必须充分发挥教师的主导作用。通过实施名师工程、创新教学形式和创新教学文化，从而实现创新教师教学方式。

（一）实施名师工程

要提高高等教育质量、培养创新型人才，就必须实施名师工程，发展一批具有创新意识、创新精神、创新能力和创新意志的教师。一是要严格把好高校教师的入口关，对各种

不同层次和类型的高校教师规定具体的学历要求。不留本校毕业生任教,如果确实要留校任教,其需要到外校(包括境外)进行至少一年以上的访学交流。二是要重视对教师学术思想水平的考察。高校的教师不仅要有高超的科研实力和水平,而且最重要的是具有凝聚在学术成果里的思想,这种思想包括学术思想和教育理念,这是大学创新型教师的核心和关键所在。大学教师一定要具有个性化的学术思想,不能人云亦云,否则,所谓的创新型教师便名不副实。三是大学创新型教师应具有全面的综合素养,具有专精与广博的知识结构以及高尚的敬业精神,体现为对教育事业和对学生的爱护,对历史和社会的责任感以及创造性的个性心理品质,如自信自强、思维敏锐、好奇心强、兴趣广泛等。

(二) 创新教学形式

高校要培养创新型人才,除需要实施名师工程外,还需要创新教学形式,注重教学组织形式与方法样式的改革。在教学组织形式方面,坚持班级教学组织形式不动摇,在一定的条件保障下实施小班化教学,并辅之以个别化教学。班级教学制度能提高教学的效率,而小班化教学与个别化教学能保证对特殊学生的有效指导。在组织教学过程中,应组织学生走出学校、走出课堂,把理论教学与生产、生活实践结合起来,根据一定的教学任务安排、组织学生到公司、企业和农村中去,通过社会观察和实践操作来培养学生的创新精神和能力。另外,还应把教学组织形式与数字化教学方式结合起来,为学生的学习提供虚拟的空间和数字化的学习环境。

(三) 创新教学文化

创新型人才的培养需要营造一种持续稳定、和谐多元、开放民主、宽松自由和充满活力的教学文化,以优秀的教学文化"润"育创新型人才的成长。从构成教学文化客观因素的角度上看,高校的教学文化一般分为教学理念文化、教学制度文化和教学环境文化三个方面。其中,创新教学文化的核心是要营造宽松自由的教学环境氛围,包括教学自主的民主环境、学术自由的科研环境、鼓励创新的政策环境以及知行合一的舆论环境。高校要创新教学文化,应通过创建理念引领、环境影响和制度规范相互促进,个体自主、制度激励和舆论支持相互推动,教师主导、学生主体与制度创新相互作用的教学文化。一是作为创新型人才培养的主导,首先高校教师应具有创新精神,不仅自己要具有创新的思想和行为,而且要掌握指导学生创造性学习的思想意识和方式方法,在教学中体现自己的规范带头作用。二是要承认学生的个性和差异,发挥学生的优点和特长,尊重学生的自由探索和首创精神,激励学生的发明和创造,鼓励学生在学习过程中进行创新和创业,切实构建多元化的学生评价机制。三是创新学校课程资源，举办形式多样的学术交流活动和社会实践活动，形成鼓励创新、创造的舆论环境，营造学生在课堂中学习、在实践中学习和在生活中学习的教学文化氛围，推动高校创新文化的建设。

二、体现学生主体地位，创新学生学习形式

创新人才培养制度，关键是要注重学生主体性地位的实现，通过强调学生的学习自由、增加学生的学习机会和培养学生的创新个性，从而实现学生学习形式的创新。

（一）强调学生的学习自由

学生学习自由是学术自由的一个重要内容，是学生个性发展与创造性培养的必然前提，是学校关于学生学习制度建设的一条基本原则。学生学习制度的建设，一方面是要对学生的学习行为进行规范，保证学习目标的实现；另一方面，制度本身也要体现教学自由的教育理念，既要体现教师教学的自主性，同时也要体现学生学习的自由性和创造性。从本质上说，学生学习制度的建设要坚持以学习为本、以学生为主体的精神，在学习规范与学习自由之间找到适当的平衡点，既要充分发挥制度的控制功能，又要强调制度建设的弹性和灵活性，要从制度的规范上保证学生学习的选择性、自主性、个体性、开放性和创新性。学生的学习自由要以体现学习的兴趣爱好、特点专长和现实条件为基础和前提，要以制度的形式为希望转专业和有条件转专业的学生提供便利。要改革人才培养方案，适当调整必修课与选修课之间的比例关系，逐步扩大选修课特别是任意选修课程的比例，通过完善学分制度、导师制度、选课制度、分流制度和主辅修制度等，进一步扩大学生选课的自由权。创新学生评价形式，建立有利于创新的学生评价制度，以制度的形式保证学生学习的自由性，注重形成性、过程性评价，实现学生考试成绩的多样化评定。建立创新学分制度，把学生的社会活动成绩和科研成绩纳入学分制度进行管理。经过制度的完善，切实保证学生学习的自由，从而实现创新型人才的培养。

（二）增加学生的学习机会

增加学生的学习机会是高校进行创新型人才培养的基本出发点，也是高校人才培养制度创新的重要指导思想。从一定程度上说，高校实施创新实验计划的最终目标就是要培养学生的创新、创造和创业的社会实践能力。为此，高校必须要为学生的学习生活创造力所能及的条件和机会，"通过实施'全程、全员、全域'人才培养模式，广建学校课程资源，调动学生的主动意识，扩展学校育人途径和创新学校育人机制，其目的在于弘扬教育

公平理念、展现教育机会均等、发展学生综合素质和增强学生实践能力，从而真正实现学校管理育人、教学育人和服务育人功能的一体化"。要为增加学生的学习机会规划好相应的组织机构和活动机制，多创设学生学习的项目，建立多种类型的资金支持模式，充分利用好第一课堂，全面开发第二课堂，扩充学生课外实践和科技活动的机会，全力为学生的创新、创造和创业实践活动提供便利条件。在增加学生学习机会的同时，应注重学生的理想信念教育，把学生的个人爱好与社会需要有机结合起来，针对社会的发展变化和现实问题，引导学生对具有一定社会价值和意义的课题开展探讨、实践与研究，并对做出突出贡献和业绩的学生给予肯定和表彰，激励更多的学生多参加社会实践，多创造学习机会，通过培养学生独立地发现问题、分析问题和解决问题的能力，从而培养学生的创新精神和实践能力。

（三）培养学生的创新个性

创新个性是创新型人才培养的灵魂，实现学生创新个性的发展是高校创新型人才培养的重要目标。众所周知，所谓学生的"创新个性"，主要指学生具有的创新潜能，表现为学生敏锐的思想意识、广泛的兴趣爱好、独特的专长和具体的现实条件等。心理学研究表明，人的大脑是一个特殊的复合体，不同人的大脑的支配能力存在差异，显然不同的人就具有不同的特长和个性。因此，所谓的创新型人才也只是某个方面或某几个方面的创新型人才，不可能成为全能的创新型人才。创新型人才不可能样样都精通，更不可能各方面的能力都强。如果在创新型人才培养过程中求全责备，这只能导致人才的平庸，最终埋没人才。因此，培养创新型人才的关键在于培养学生的创新个性。首先，学校应营造一种较为宽松的学习环境，学生可以在学习过程中进行奇思妙想和标新立异，可以在自主学习、自行科研、自动实践和自学反思中获得发展。其次，学生要具有超强的社会适应能力，顺应时代发展的潮流，并要在社会实践中确立自我发展方向，要把个人追求与社会需要密切联系起来，充分发挥自身的发展潜能，使自己成为社会所需要的人才。再次，学生要能充分发挥自身优势，灵活运用自身的条件，善于分析制约自我发展的主客观环境和条件，对自己的发展做出准确的定位，全面分析自身的优势，选择最能发挥自身专长、特点和兴趣的方面作为人生的最高价值追求，不失时机地促进自我发展。

三、构建和谐师生关系，创新师生互动机制

高校要培养创新型人才，就必须坚持以人为本的教育理念，营造民主平等的课堂氛

围，创建师生互动的交流机制，这是创建和谐师生关系的基本策略。

（一）坚持"以人为本"的教育理念

在高校创新型人才培养过程中坚持"以人为本"的教育理念，就必须保证学生的自主发展、全面发展与和谐发展。要把为了一切学生、为了学生的一切和一切为了学生作为教育教学的根本宗旨，要从学校的实际情况和学生的具体条件出发，充分尊重学生的个性特点和心理差异，认真分析学生的发展愿望和兴趣爱好。在课堂教学中采用对话式、问题式、探究式、启发式和参与式教学，鼓励学生自主学习、质疑批判和挑战权威的创新精神，为学生的学术自由、行为自主和个性发展创建平台与空间。在教学过程中为学生的发展营造独立思考、自由探索的社会环境氛围。教师在教学过程中应注重教学示范和知行合一，改革传统课堂教学中单纯的知识灌输和接受学习，重点培养学生发现问题、分析问题和解决问题的能力。要关注不同学生的心理特质和个性差异，充分而全面地发展每一个学生的优势和潜能。坚持以学生为本的教育理念并不是要求教师在教学过程中一味地讨好学生，而是要求教师在教学过程中充分发挥自身的主导作用，履行好培养学生、发展学生和提升学生的职责。因为教育的本质是一项育人的活动，不能只看是否满足学生的意愿，而应看是否对学生的未来发展和持续发展有利。因此，在教育教学中坚持以人为本特别是以学生为本，这是构建和谐的师生关系的前提，同时是教育教学的目的所在。

（二）营造民主平等的课堂氛围

构建和谐的师生关系，关键是要营建民主平等的课堂教学氛围。首先，应从思想上领会和谐的师生关系不是管理与被管理的关系，而是亦师亦友的关系。教师在与学生相处的过程中应放下架子，以朋友的身份走进学生的生活，应充分地认识到把自己变成学生的朋友并不是什么屈尊降格的事情，也不代表着教师主导作用的丧失。相反，与学生为友是一项难以掌握和驾驭的教学管理技能，这需要教师长期的修炼。其次，在课堂教学过程中，教师虽闻道在先、术有专长，但是要知道师生作为社会的个体在人格上是平等的。教师要尊重学生的思想、情感、个性和人格，在平等的基础上与学生进行沟通与交流，要善于发现学生的闪光点并鼓励学生，让学生体会到教师对自己人格上的尊重。只有这样，学生的自尊、自信、自强和自立等心理品质才能体现出来。最后，教师要面向全体学生，要尊重学生的兴趣爱好和个性特长，不要歧视和放弃任何学生，要用一颗宽仁、博爱和友善的心理解、尊重、关心和爱护学生。要坚持育人为本，对学生一视同仁，要把对学生的爱转变为对教育教学工作的满腔热情，要以积极乐观的心态投入教育教学和与学生交流中。要善于引导学生的求知欲，要爱护学生的好奇心，要培养学生的创新精神、批判精神和社会关怀精神，养成学生自主学习、自主发展和自主管理的能力，为学生潜能的开发创造一种良好的社会环境。

（三）创建师生互动的交流机制

创新型人才的培养不是一朝一夕的事情，不是几个学术报告、几个教师、几门课程或某个教学环节所能完成的教学任务，而需要在人才培养过程中创建系统的师生互动交流机制。一是要充分利用课堂教学，开发探讨式、启发式和研究式的教学制度。教师在学生面前不应以权威自居，在教学过程中不应搞一言堂和满堂灌教学，提倡课堂教学由教师主导模式向教师指导下学生主体的学习模式的转变。在课堂教学中，师生之间可以围绕某个主题进行讨论，可以各自发表自己的学术观点。学生可以理直气壮地提出自己的见解与认识，甚至对教师的观点提出质疑和批判，而教师不会因为自己闻道在先而压制学生，因为师生之间是一种民主平等的关系，可以通过相互讨论互通有无，共同提高。二是要在学校有计划、有目的和有组织的领导下，充分开发和利用导师制，实施科研导师制，引导学生参与老师的课题研究，培养学生研究的兴趣和能力，使学生掌握系统的科学研究方法，更为重要的是还可以增加师生之间的感情。实施企业技术人员导师制，开展技能训练和科技制作，可以增强学生的合作能力和团队意识，培养实践能力和创新精神。三是和谐的师生关系实际上是师生之间在互动过程中心与心的交流与体验，这种交流不仅体现在课内，而且体现在课外，甚至课外比课内更重要。因此，建立课后交流制度显得相当必要。教师要根据课堂教授的内容，围绕学生提出的问题或感兴趣的课题，把学生约到自己的办公室进行讨论，或者可以征求学生对改进课程教学的意见，也可以了解学生的学习水平、发展规划和家庭状况，要使学生感受到自己的和蔼可亲、平易近人，从而密切教与学的关系，促进师生关系的和谐发展。

第六章　高校教育教学改革的一般概念

在学术研究中，概念的界定是最基础性的工作。任何一个理论问题的研究都面临着界定一般概念的任务，这是后续研究得以开展的前提和基础。诚然，对概念的入门性讨论尽管难免会显得抽象，并因而给人以远离现实之感，但却几乎是不能省略的。因为我们只有借助于一般概念，并由此将那些具有某些共同特征的对象进行概括，才可能从思想上将世界上无穷无尽现象的多样性进行归类和整理。因此，欲从理论角度探讨高校教育教学改革，必须对教育教学改革的一般概念进行界定，明确其内涵。基于此，本章从高校教育教学改革的内涵、高校教育教学改革的目的、高校教育教学改革的模式、高校教育教学改革的策略以及高校教育教学改革的代价这几个方面对高校教育教学改革的一般概念进行初步的探究。

第一节　高校教育教学改革的内涵

从构词法角度分析，"教育教学改革"乃是由"教育教学"和"改革"两个词语组合而成的一个偏正短语。"教育教学"为偏，限定的是"改革"的范围。"改革"为正，指向的是"教育教学"方面所采取的具体措施。基于此，下面我们就分别从这两个概念的分析入手，来探究高校教育教学改革的内涵。

一、教育教学的解读

"教育教学"是一个由"教育"和"教学"两个词语组合而成的复合性概念，也是我们平时惯常使用的一个词语。从字面上理解，其无外乎是与教育和教学有关的内容，似乎没有必要作进一步的解读。然而，若深究起来，教育、教学的本质内涵是什么？它们之间究竟是一种什么样的关系？为什么人们往往习惯将其合而用之？对此鲜有深入的思考与分析。对这些问题的探究，对我们科学地理解教育教学的内涵，正确处理它们在高校改革过程中的关系，有着十分重要的价值与意义。因此，下文拟就上述问题进行探讨，并在此基础上提出对"教育教学"的理解。

（一）教育与教学的内涵

1. 教育的内涵

教育的内涵就是教育所具有的本质属性，即教育究竟是什么。从词源学的角度来看，不同语言之中教育一词的意蕴都有所不同，但都与人的培养和发展有关。在中国先秦古籍中，"教"与"育"连用很少，大都只用一个"教"字来论述教育的事情。孟子最早将"教"与"育"连用在一起。他说："得天下英才而教育之，三乐也。"《学记》中指出："教也者，长善而救其失者也。"许慎在《说文解字》中说："教，上所施，下所效也；育，养子使作善也。"由此，我们可以大致得出这样的结论：教育活动是人类社会实践活动中与人的成长发育有关的活动。

词源学的解释只是使我们初步认知了作为语词的"教育"，并没有严格地表达出作为科学概念的"教育"所具有的内涵。因此，我们还需要对作为科学概念的"教育"作进一步的探究。现代教育学将"教育"区分为广义和狭义两种类型。广义的教育，自有人类社会以来就已产生，凡一切能增进人们知识、技能、身体健康以及形成和改变人们思想意识的过程，都可归之于广义的教育。它包括学校教育和学校以外的机构性与非机构性的教育活动。而狭义的教育，则专指学校教育，它是教育者按照一定的社会要求，向受教育者的身心施加有目的、有计划和有组织的影响，以使受教育者发生预期变化的活动。狭义的教育包含在广义的教育概念之中，但相对于其他广义的教育活动，狭义教育活动则更为专门化，具有鲜明的系统性、目的性与组织性。很显然，本书所言的"教育"，乃属于狭义的（高等）学校教育，具体而言，即由高等学校负责组织实施的，一种有目的、有计划和有组织的以影响受教育者身心发展为直接目的的社会活动。

2. 教学的内涵

从词源学角度考察，"教学"一词也是古已有之。在中国古代典籍中，其最早见于《商书》，但其中的"教学"只是一种教者先学后教、教中又学的单方向的活动，即强调"学"的活动。自《学记》提出"教学相长"后，"教学"才有"教与学"双方活动的含义，但其时的"教学"与"教育"一词意义相近，常常被交互使用。

自 17 世纪教育学成为一门独立的学科以来，教学作为一个重要的概念被广泛使用，并且"在意义的广狭上，在侧重的方面上，不同的人有不同的理解"，教学也因此被赋予了各种各样的含义。尽管人们在教学内涵的理解方面不尽相同，但"对于我们一般教育工作者来说，'教学'就是指教的人指导学的人进行学习的活动"。准确地说，就是在"教育目的规范下的、教师的教与学生的学共同组成的一种教育活动"。通过这种活动，学生在教师有计划、有步骤的积极引导下，主动地掌握系统的科学文化知识和技能，发展智力、体力，陶冶品德、美感，形成全面发展的个性。

（二）教育与教学的关系

教育与教学的关系，即教育与教学之间存在的区别与联系。对此，我们认为可以从事实和价值两个层面着手进行分析。

1. 从事实层面来看

教育与教学是整体与部分的关系，教育包括教学，教学是学校教育中最为基本的一项工作，在学校教育中占据着特别突出的地位。

根据前述对教育与教学内涵的分析可知，学校教育乃是教育者按照一定的社会要求，向受教育者的身心施加有目的、有计划和有组织的影响，以使受教育者发生预期变化的活动；而教学则是在教育目的规范下的、教师的教与学生的学共同组成的一种教育活动。由此可见，教育一词比教学一词的含义更为丰富，所涉及的范围也更为广泛，两者之间是部分与整体的关系。从系统论观点看，教育是一个系统，教学则是教育系统中的一个主要要素或子系统，教育系统还包括管理、后勤、德育、智育、美育、体育、卫生、劳动、课外活动、校外活动等其他要素或子系统。教学是学校进行教育活动的一个基本途径。教学只是学校教育工作的一部分，但这一部分却在学校教育中占据着特别突出的地位。这是因为从学校全部工作的比重来看，教学工作所占的时间最多，涉及的知识面最广，对学生发展的影响也最全面、深刻和系统，对学校教育质量的影响也最大。学校的教育质量如何，主要由其教学质量所决定的。正因为如此，教学被视为学校教育工作中最为基本的一项工作，学校要卓有成效地实现培养目的、造就合格人才，就必须以教学为主，并围绕教学这个中心安排其他工作，建立学校正常的工作秩序。

2. 从价值层面而言

教育与教学是目的与手段的关系，教学的目的是教育，教育的手段是教学，教育与教学存在着价值的协同性。

一位学者认为教学肩负着"教养"和"教育"双重任务："除了教养任务外，教学还是使学生掌握一定教育的（道德的、美育的、体育的、劳动的）价值的过程。"虽然教学的首要任务是引导学生掌握科学文化基础知识和基本技能，这是最基本的任务，也是完成其他各方面任务的基础，但必须同时对学生进行政治、思想以及道德等方面的教育，充分发挥教学的教育价值。究其缘由，乃是因为教学是教育目的规范下的一种教育活动，它本身不是目的，只是实现教育目的的一种基本手段，它本身"没有独立的价值，人们对教育的认识构成了教学的价值基础"。一位教育家在论及教学的教育性问题时曾言道："教学如果没有进行道德的教育，只是一种没有目的的手段。道德教育如果没有教学，则是一种失去了手段的目的。"这可以说是从价值层面对教育与教学之间关系的最为精辟的概括。由上述分析可见，教育与教学从价值层面上来看乃是一种目的与手段的关系，教学的目的是教育，教育的手段是教学，教育与教学存在着价值的协同性。

（三）对教育教学的理解

由上述对教育与教学的内涵以及它们之间的关系分析可以看出，无论从事实层面上，还是从价值层面上，教育与教学都是既存在一定区别又有着密切联系的两个概念。两者之间存在的区别，决定了我们不能简单地将两者相等同，既不能片面地以教学代替教育，漠视教学的教育性；也不能将教育等同于教学，忽视其他的教育活动或工作。两者之间存在的密切联系，又决定了它们在学校工作中是合作而非对立的关系，教育的发展必然要以教学为基础，而教学的改进也必须在教育的指导之下。只有"打通教学与教育的隔阂，在新的时代背景下建立两者的伙伴与合作关系"，才能使学校工作得到顺利的开展，进而提高人才培养的质量。

正因为教育与教学之间所存在着的这种相互区别、相互联系、密不可分的关系，我们一般习惯将两者合而用之，使教育教学成为一个约定俗成的概念。这一概念，正如我们前述所言，无外乎就是与教育、教学有关的内容或活动，并没有超越其范围的特定内涵。

二、改革的释义

何谓改革？《现代汉语词典》定义为："把事物中旧的不合理的部分改成新的，能适应客观情况的。"由此可见，改革一词包含新与旧这对概念关系，蕴涵着除旧立新带来的变化和新意，是一个一定主体用新的思想、观念、方法、模式等取代旧的思想、观念、方法、模式等过程。

三、高校教育教学改革的内涵

根据上述对教育教学、改革内涵的理解，我们可以这样定义高校教育教学改革：指从事高校教育教学实践活动的主体，按照一定的教育教学改革目标和要求，通过各种政策、策略和措施，有目的、有计划地转变陈旧的、不合理的教育教学思想、观念、内容、方法和手段等，使其获得预期的进步和发展的一种实践活动。这一定义包括以下要点：

首先，指出高校教育教学改革的对象是高校教育教学中一切陈旧的、不合理的方面，它包括理论和实践两个方面。从理论上看，包括教育教学思想、观念的更新；从实践上看，包括教育教学内容、教育教学方法、教育教学手段的改进等。

其次，强调高校教育教学改革是有目的、有计划地进行的。高校教育教学改革需要科学的分析、设计、规划和论证。这表明高校教育教学改革具有复杂性和严密性，并不是随意进行的。

再次，指出高校教育教学改革具有明确的价值指向性。它必须转变高校教育教学中陈旧的、不合理的内容，使高校教育教学获得预期的进步和发展。这种进步和发展，表现在高校教育教学的各个层面。

第二节　高校教育教学改革的目标

高校教育教学改革的目标是高校教育教学改革理论体系中的关键问题之一。如果说前述对高校教育教学改革内涵的解读，回答的是高校教育教学改革是什么的问题，那么，高校教育教学改革目标则要回答的是高校教育教学改革要干什么的问题。本节拟就相关问题作一探讨。

一、高校教育教学改革目标的概念

任何人类社会实践活动都是有目的的。因为，相较于动物的本能性活动，"设定目标、追求目的是人类才具有的特性"。人类在生存和发展中，通过自身的意识活动，不仅能够认识自然与社会、认识自己与他人，而且还能够凭借所获得的认识，提出活动的任务、设定活动的目的。

与其他人类社会实践活动一样，高校教育教学改革也是一种有意识、有目的的人类实践活动，需要目的的指引。正如一位学者所言："每一种教育制度的改革总是要考虑教育目标、目的以及教育机构的作用等问题。这一领域内的任何改革，都要修改许多预期的教育目标，至少也要对其提出质疑。"那么，何谓高校教育教学改革目标？

论及高校教育教学改革目标的含义，必然涉及对目标与目的这两个概念的理解。目标与目的是两个既有区别又有联系的概念。从二者的区别来看，目的一般指人或组织对行为结果的主观设想，其往往与人们的主观愿望相等同，是一种应然状态的理想，在性质上一般具有长期性、完整性、稳定性、单一性等特征；而目标则是意识所针对的具体的行为对象，是在具体情况下行为变化的结果，是客观的经验状态，其一般是策略性的，是可观察、可明确界说、可测量、可评价的，而且还有时间、情境等条件的限制。从二者的联系来看，主要体现在目的和目标可以相互转化：目的可以分解为目标，而目标也可以分解。相对于更小的目标而言，大的目标就成为目的。正因此，在一般情况下，目标与目的可以不加区别，相互通用，如《辞海》中解释"目标"的含义即"目的"。

本文也大致遵循上述惯常用法，将目标与目的视为同一意义上的概念，未作进一步的区分。只是在表述形式上，考虑到高校教育教学改革相对于整个高等教育活动，毕竟是一种相对较为具体、短期性的活动，因此，使用了"高校教育教学改革目标"这一概念。其含义可以表述为，从事高校教育教学活动的主体在高校教育教学改革活动前于头脑中或者改革计划、方案中预先形成的对改革活动结果的一种预见和构想。

二、高校教育教学改革目标的类型

高校教育教学工作是一项十分复杂的工作，这决定了高校教育教学改革的目标也是复杂、多样的。虽然说，高校教育教学改革的目标具有多样性特征，但从宏观整体层面上来看，大体都涉及以下几个方面：质量目标、结构目标。

（一）高校教育教学改革的质量目标

"育人是高等学校的根本任务，质量是高等教育的永恒主题。无论高等教育的功能如何拓展，也无论高等学校怎样改革，提高教育教学质量，培养高素质人才，始终是高等学校存在与发展的基础，是高等教育的生命线。"教育教学质量之于高等学校的重要性，决定了高等学校的一切工作，包括教育教学改革工作，都必须紧紧围绕质量问题而展开，以提高人才培养质量为最终目标。由此可见质量目标在高校教育教学改革目标中的重要地位，它可以说是高校教育教学改革最为核心、最为根本性的目标。

（二）高校教育教学改革的结构目标

一般来说，高等教育结构主要包括区域结构、形式结构、层次结构、学科结构、专业结构等方面。其中，区域结构、形式结构、层次结构乃属于宏观层面的高等教育结构，而学科结构、专业结构则属于微观层面的高等教育结构。高校教育教学改革一般主要涉及的是后者。以专业结构为例，我们知道专业结构是基于学科发展和社会职业分工而形成的高等教育各专业之间的组合方式及比例关系，它与经济发展、产业转型等外部社会的需求紧密相关，专业结构设置是否合理直接决定了高等学校能否为社会输送一定比例的专业优秀人才，以确保社会的可持续发展。因此，在高校教育教学改革过程中，专业结构常常被列为改革的重要目标，即根据一定时期社会政治、经济、科技发展水平等因素的特点，积极调整改革高等学校的专业设置，以培养社会需要的专业人才，使其不断适应社会发展的整体需求。

三、高校教育教学改革目标的作用

目标（目的）是一种引导和推动人们在实践活动中改造世界、改造社会的精神动力。目标为实践指明了方向，使实践具有自觉性；实践将目标付诸实现，使目标具有客观现实性。目标与实践的关系表现为，一个具体的目标是人们实践活动的起点，并体现于实践活动的全过程和结果中。从这个意义上而言，高校教育教学改革目标是高校教育教学改革活动的起点和归宿，同时贯穿整个高校教育教学改革活动的全过程。高校教育教学改革目标的作用主要体现为以下几个具体方面：

（一）高校教育教学改革目标的导向作用

顾名思义，导向即引导、指向。高校教育教学改革目标在高校教育教学改革活动中具有鲜明的引导、指向作用。它一经确定就成为高校教育教学改革活动的方向和指针，引导人们的改革活动或行为向着目标所确定的方向前进，避免和纠正不属于或偏离改革目标的种种活动或行为，从而保证高校教育教学改革的顺利实施和目标的最终实现。

（二） 高校教育教学改革目标的激励作用

目标是一种激励组织成员的力量源泉。共同的目标一旦被人们认识和接受，不仅能指导整个实践活动过程，而且还能对人们产生极大的激励作用。目标的激励作用具体体现在两个方面：一是个人只有明确了目标才能调动起潜在能力，尽力而为，创造出最佳成绩；二是个人只有在达到了目标后，才会产生成就感和满意感。高校教育教学改革目标也是如此，它一旦被人们认识和接受，人们在高校教育教学改革活动中就会以更加强烈的责任感、更加充沛的精神与干劲、更加饱满的热情、更加有效的相互合作来实现既定的改革目标。

（三） 高校教育教学改革目标的调控作用

高校教育教学改革目标一经确立，便对整个高校教育教学改革活动的全过程具有调控作用。它不仅对高校教育教学改革方案的出台、政策制定、策略选择等宏观性的活动具有支配、调控方面的作用，而且对实际改革过程中各要素的组合，诸如人才培养模式的变革、专业结构的调整、教育教学手段的更新等微观性的活动，也具有支配和调控作用。

（四） 高校教育教学改革目标的评价作用

高校教育教学改革目标是衡量和评价高校教育教学改革活动效果的基本依据和标准。评价高校教育教学改革活动是否获得成功，是否最终达到了预期的效果，必须以高校教育教学改革目标为衡量准绳。"改革是否成功，拿什么做标准呢？怎样检验呢？一个最有说服力的根据就是看改革的目标有没有达到。如果实现了预计的目标，我们可以说改革基本成功了；如果没有实现预计的目标，我们就说改革不甚理想。"

第三节　高校教育教学改革的模式

"模式"一词，最初是从一般科学方法论或科学哲学中引用而来的，原意是模型、典型、范型等。它用实物或符号形式将原物、活动、理论等仿制、再现或表示出来。在学术研究中，模式一般定义为对现实事件的内在机制以及事件之间关系的直观的和简洁的描述，它是再现现实的一种理论性的简化的形式。模式是一个指涉范围甚广的概念，小到一种教学方式，大到一个国家甚至一种文化类型中教育的基本特征或风格，都可以称为模式。一般而言，模式具有代表性、稳定性和可模仿性等特征。模式的代表性，反映同类事物或行为基本特征上的一致性或相似性。模式的稳定性，一方面指这些基本特征经过了一定时期的扬弃、发展、变化之后，基本定型下来而不再随意改变；另一方面，指这些特征是与事物或行为的功能紧密联系在一起，而不能随意改变的。模式的可仿效性，是指一旦成为"模式"，人们便可以根据其基本功能特征加以模仿甚至复制。

高校教育教学改革模式，是指在高校教育教学改革实践中产生的一种设计和组织教育教学改革的理论，这种理论被以简化的形式表达出来，它主要说明的是高校教育教学改革以何种形式加以展开的问题。"当众多的教育改革形成了某些具有共同特征的形式时，人们就可以把它概括为一种模式了。"显而易见，模式在一定意义上具有类型的含义，当然，其含义要比类型丰富得多。本文"高等教育教学改革模式"中的"模式"一词大致相当于形式、类型之意。

第四节　高校教育教学改革的策略

一、高校教育教学改革策略的概念

所谓策略，通俗而言，即谋略、手段之意。中国古代有这样的说法："术谋之人，以思谟为度，故能成策略之奇。"可见，策略的突出特点在于对手段方法的计谋性思考。《现代汉语词典》对策略的解释为，根据形式发展而制定的行动方针和斗争方式。策略的概念包括以下三个观点：①把各种要素组织成为一个融会贯通的整体。②估计到在事物展开的过程中会出现偶然事件。③具有面对这种偶然事件而加以控制的意志。策略的目的就是要把政策转化为一套视条件而定的决定，根据将来可能发生的不同情况，决定所需要采取的行动。这一描述表明：策略是介于比较抽象的更高水平的目标与具体行动之间的转换。策略不同于具体的方法，策略的立意要高远一些，其对具体行动有整体的考虑和规划，是在主观意识控制之下施行的具体的方法。

根据对策略概念的理解，我们认为，所谓高校教育教学改革的策略就是为实现高校教育教学改革的目标，在高校教育教学改革过程之中有针对性地选择相应的步骤、方法、手段与程序等，以便为高校教育教学改革提供一种切实可行的解决方案。"它既可以是拟定改革计划的过程和步骤，寻求有关的资料；也可以是讨论教育改革内、外条件的限制，以及扩大、强化影响的方法；也可以是弄清潜在的阻力，导致紧张和冲突的因素，以及解决的办法；协调个人、组织和机构之间关系的办法，以及实施改革方案的程序等。"

二、高校教育教学改革策略的分类

有学者将教育改革的策略分为三类：经验—理性策略、规范—再教育策略和权力—强制策略。这一分类对我们正确认识高校教育教学改革策略的类型有着重要的参考与借鉴意义。

（一）经验—理性策略

经验理性策略是以现代知识为依据、主要预测教育未来发展的策略。

该策略认为，未来的发展变化是以当今所能观察到的趋势和倾向为基础的。

经验—理性策略基于这样的假设：人是有理性的动物，其行为受理性的支配，人是能被"客观性知识"说服的群体，合乎理性的改革方案总会得到多数人的接受与欢迎；长远周密的计划是必要的，尤其是对规律关系的预测，这是使改革具有科学性的基础；教育改革者既有分工，又有合作，只要分工合理、合作得当，改革就能成功；改革如果以适当的形式在适当的时间地点推行，那么某些有理性的人即使开始是被动的，最终也会参与；在研究、开发上花较多的时间和力量，会在普及和采用阶段受益。因此，改革的倡导者应尽力说服教育改革的潜在受益者，通过教育实验来向他们展示新改革的力量和优势，通过逻辑的力量来唤醒人们的理性认识，通过摆事实、讲道理，说明改革的目标、意义、可行性与有效性，以激发人们改革的动力。

经验—理性策略把创造新教育知识并在教育日常生活中运用这些新知识看成是教育改革的关键，它也被称为知识的生产与利用。为了执行这一策略，促进由新知识的创新到新知识在实践中的运用，填补教育理论与实践之间的鸿沟，人们提出了许多模式，其中最主要的是研究、开发、普及与采用模式。

研究是第一阶段，指发明或发现新知识。它强调：研究者只是专心研究问题的人，并不总是最能把研究成果转化为实用操作技术的人。

开发是第二阶段，指把研究成果转化为可供使用的各种工具、策略和技术等。它包括设计问题解决的方案、考虑现实条件下的各种可行性。

普及是第三个阶段，它更多地体现为一种市场活动，目的是使新开发出来的技术方法招人喜欢，易于学习，使用方便，能马上为教育实践工作者所用。

采用是第四阶段，它是一个复杂的过程，至少包括三大环节：①检试，即以有限的方式检试新的教育改革方法；②使用，即如果检试表现出较好的效果，就进入改进和适应阶段，使之适用于当地的教育条件；③制度化，即如果一切进展良好，就把新的教育改革措施当成日常教育工作的一部分，使之常规化。

经验—理性策略一般来说属于"小改革"的范畴，它不是从根本上改变旧体制，而只是做局部的、单项的改革。所以，该策略特别强调策略的具体性、实证性和知识性。总体而言，经验—理性策略的优点是：第一，将教育改革当作研究工作来处理，既重视运用已有研究成果，也重视在改革过程中进行研究，努力把教育改革建立在科学研究的基础之上；第二，在研究、开发阶段，依靠的是专家权威，在普及、采用阶段，依靠的是理论权威，重视学校外部力量的推动，是一种自上而下式的教育改革。其不足主要体现为：第一，过分强调了理性与科学的作用，对人际关系和情意因素重视不够；第二，过于强调了专家和行政的权威，相对忽视了学校内部人员如校长、教师等对改革的作用。

（二）规范—再教育策略

与经验理性策略的假设相反，规范—再教育策略认为：人在某种程度上是非理性的，人有动机、愿望、情感、态度，人有不断改变现状、创造更美好未来的动力。人虽然有理性，但人们的行为往往并不由理性的计算决定，而在很大程度上由社会文化规范支持，具有同样理性的人由于生活在不同的社会文化规范中，其行为方式是不同的。社会文化规范形成了人们的态度和价值体系，反过来，人们的态度和价值体系又支持原有的文化规范。所以，要改变人们的行为方式，就需要改变原有的文化规范，进而形成并使人们接受新的文化规范。教育改革的过程是改变人的态度、观念、价值和关系，激发人的情意动力，而不仅仅是知识、信息或认知方式的改变，不仅仅是调动人的理性力量。因此，教育改革倡导者的任务在于提出并宣传新思想、新观点、新价值，使人们接受。但该策略反对价值的灌输，主张人们通过思想、价值的冲突，进行独立的价值判断和选择，从而成为教育改革的自觉执行者。概言之，规范—再教育策略是一种着眼于观念转变的策略。

规范—再教育策略相信，由个人或经过个人开始的有意识的变化，是完全可能的，这一策略基本包含以下一些内容：①变化的萌芽产生于个人及个人的态度，而不是萌芽于个人生活的社会结构。由于人容易受社会环境的影响，所以如果改革仅仅局限于已有的体制，那只是很小的变化。②在没有一种社会主导价值观的情况下，改革照样可以进行，因为这一策略本来就要求有新的观念、价值，而经验—理性策略在这种情况下就无所作为了。③在个人与团体间的权力关系不发生变化时，改革照样可以进行。这种改革并不着眼于权力关系的改变，而着眼于通过思想观念的变化，改变行为方式。④注重不同利益集团的协调一致，共同受益。

规范—再教育策略在具体程序上，大致经过以下的过程：首先，在人与人、群体与群体之间的相互影响过程中产生改革的设想与驱动力；其次，对改革敏感或行动迅速的群体率先进行改革；再次，率先进行改革的群体进一步影响其他群体或个人，从而引发更大范围的改革；最后，在相互影响中教育改革迅速扩散、蔓延开来，改革的成效进一步强化改革的热情与动机，使改革不断升华。

规范—再教育策略的优点是强调了教育改革中的人际关系和情意因素，注重改革倡导者与工作人员的对话、教育工作人员之间的相互影响与沟通，把教育改革建立在改革者的自觉性、主动性和能动性上，教育改革是非行政、非权威的，是一个自然的沟通、传递、扩散和深化的过程。其缺点主要表现为：缺乏强有力的政治、经济和科技因素的策动，改革速度相对比较缓慢；重视情意而忽视理性，从而在一定程度上丧失了改革的科学基础。

（三）权力—强制策略

权力—强制策略也称为政治—行政策略，主要通过行使权力来改变环境，确定行动方案。该策略认为，经验—理性策略和规范—再教育策略都是理想主义的教育改革策略，在现实的教育改革过程中都是难以奏效的，因为改革是一项破旧立新的革新过程，在实施中必然要遇到来自实践者的阻力和反抗。基于此认识，权力—强制策略假设人们总是害怕甚至回避教育变革，因此，强制和诱导是教育改革所必不可少的，政治和经济的权力是所有人类行动的条件，也是推行教育改革的基础，是教育改革取得成功的重要保证。权力—强制策略认为，所有合理性、理智、人际关系、情意在影响变革的能力上，都不及直接运用权力的效果好。没有强有力的政治、经济和道德上的权力，教育改革是不可想象的，没有它，阻碍和反抗改革的因素就会把任何有价值和有意义的教育改革拖垮，最终使教育改革失败。

为了确保权力的正当与合理使用，权力—强制策略主张权力的使用必须建立在法制和科学的基础之上，不允许滥用权力，不允许把权力发挥到过分的程度，即通过法律确保和反对一些权力的使用。同时，除了政治、经济、法律和行政方面的"硬权力"之外，还有一些"软权力"也是非常重要的，比如道德、情操、罪恶感、羞耻心的力量。事实上，没有任何一种教育改革策略能离开权力，即使在经验—理性策略中，信息和新知识也是一种潜在的权力。另外，该策略还要求使用非暴力的方式来改善改革的物质和心理环境，加强教育行政的权威领导。权力—强制策略的程序是：问题→诊断→寻求解决的办法→选择最好的方案→试验证明→评价、推广。

权力—强制策略的优点主要表现为：调动了实践者特别是教师的改革积极性和自觉性，使教育改革真正成为每一个实践者的职责；改革富有针对性，特别是能照顾到具体实践的特殊要求；改革见效快，对教育改革的动机与信心有强化作用。其不足在于：权力—强制策略看到了权力在教育变革中的作用，却忽视了理性和情意的价值，忽视了实践者来自内部的积极变革力量，它完全是一种由上至下的教育改革；教育实践者的教育改革能力往往有限，受到各方面的限制较多，改革进程可能会遇到许多阻力，如果改革者意志不坚强，就可能使改革半途而废。

三、高校教育教学改革策略的选择

高校教育教学改革策略是多种多样的，并不存在一个固定的模式，这就存在着一个策略选择的问题。那么，如何选择一种科学有效的教育教学改革策略，以保证高校教育教学改革顺利实施，进而实现高校教育教学改革的目标呢？我们认为，在选择高校教育教学改革策略时，应该综合考虑以下几个方面的因素。

（一）根据高校自身实际，因地制宜地选择教育教学改革策略

俗话说，"他山之石，可以攻玉"。因此，在高校教育教学改革过程之中，积极借鉴优秀的高校教育教学改革策略，取长补短，为我所用，是完全必要的。但是也应该认识到，教育改革的"任何策略都是特定的环境、特定的条件的产物，它必然要受到特定环境和条件的限定"。因此，尽管不同国家或高校之间教育教学改革的思路或策略在很多方面是可以借鉴的，但是这种借鉴的前提是必须基于学校自身需要和条件，盲目移植或简单照搬都是不可取的。只有根据高校自身实际，因地制宜地选择教育教学改革策略，制订的教育教学改革方案才能较好地将改革目标、步骤与条件有机地结合、协调起来，才能在实践中得到有效实施。

（二）科学规划与灵活实施相结合

高校教育教学改革既是一项科学性很强的活动，也是一项十分复杂的过程。因此，选

择高校教育教学改革策略时，应该坚持科学规划与灵活实施相结合的原则。具体而言，在改革决策上，要对改革的各种条件进行充分的估计，准确预测改革结果。改革方案的设计要使改革中的各项因素调配一致，功能协调统一，并经过严密的科学论证，设计方案的语言或文字表述规范准确。在改革实施过程中，要根据实际情况，灵活地选择相应的措施、方法和手段，有序地安排好相关的步骤与程序，以确保在任何环境与条件下，改革活动都能得到正常的开展并取得切实的成效。

（三）坚持系统配套与重点突破相结合

高校教育教学改革涉及诸多因素，具有很强的系统性特征。在横向上表现为各种因素的协调一致，在纵向上表现出各个环节的紧密联系和统一，从而构成一个完整过程，这个过程包括教育教学思想、观念、内容、方法和手段等。所以，高校教育教学改革在策略的选择上，要坚持系统的观点，即各种改革措施必须系统配套，协调进行，不能单打独斗，否则改革就会缺乏系统性和连续性。另一方面，高校教育教学改革所涉及的各项因素中，问题的大小、性质不一，在改革中的地位、作用也不相同。因此，在改革启动时，一定要在分析各种因素的基础上，找出其中影响最大、对改革目标的实现起关键作用的因素。也就是说，抓住主要矛盾，以收到"牵一发而动全身"的效果。

（四）重视教师的关键作用，提升他们参与改革的积极性，坚定他们的改革信念

教师是高校教育教学活动的主要实施者，是高校教育教学改革的重要参与者，他们对教育教学质量的提高、教育教学改革的成败发挥着十分关键的作用。要激发教师参与改革的积极性和主动性，关键在于要在改革过程中使他们积极转变态度，坚定对改革的信念。正如一位学者所言："不管一种改革的策略如何有前途，如果这种策略没有与教师的个人信念体系相结合，那它是不可能按照预期的方向影响行为的。"

第五节　高校教育教学改革的代价

人类社会的历史发展是以满足人们生存和发展必需的生活资料的生产实践为基础的。而生产物质生活资料的生产实践，需要人们支付内在生命的本质力量，投入脑力和体力、

时间和精力，即支付一定的代价。只有这样，才能维系人类自身的生产与再生产。因此，代价问题始终是与人类实践活动相联系并包含于实践过程中构成人类社会进步的一个必然的中介环节。可以说，没有代价就没有社会的进步。宏观的社会发展如此，高校教育教学改革也不例外。因此，高校教育教学改革不仅仅意味着发展与进步，也意味着要付出相应的代价，代价可以说是高校教育教学改革的必然伴生物。既然如此，从代价的角度来审视高校教育教学改革就是十分必要的。基于此，本节我们拟就高校教育教学改革的代价问题进行相应的探讨。

一、高校教育教学改革代价的内涵

(一) 什么是代价

代价是我们日常生活中惯常使用的一个词语。"代"的意思是代替，"价"的意思是价格和价值。所以，从字面上理解，"代价"就是为了得到某种东西所付出的钱款，这是代价的本义，后来人们加以引申，用来泛指为达到某种目的所消耗的物质和精力。

作为一个科学的概念，"代价"一词最早出现于经济学之中，是经济学的一个核心概念。经济学的一个经典原理是：人们在经济生活中以最小的成本谋求最大的利润。成本就是狭义的代价，代价则是引申意义上的成本。其后，代价这一概念逐步从经济学领域向社会学、历史学、哲学等学科领域渗透。如在社会学中，代价是指人决定其在社会生活中理性行为的个性判断及选择标准；在哲学中，代价是作为价值问题提出来的，是一种被否定和牺牲的替代性价值，是历史进步过程所客观选择的主导价值趋向对其他价值形态的抑制、否定和牺牲。

综合相关学科对代价的定义，我们认为，代价实质上乃是实践主体在价值实践与价值创造的过程中，为了追求和实现某种价值目标而作出的付出、牺牲以及承受由此过程所带来的消极后果。

(二) 高校教育教学改革代价的界定

基于前述对代价概念的理解，所谓高校教育教学改革代价，是指在高校教育教学改革过程中，从事高校教育教学改革的主体为了追求和实现既定的改革目标而作出的付出、牺牲以及承受由此过程所带来的消极后果。这一定义可以从以下几个方面进一步理解：

首先，高校教育教学改革主体为实现改革目标所作出的投入和消耗，也可谓之改革成本。进行高校教育教学改革，必然要投入一定的人力、物力、财力，消耗一定的物质、能量、信息，这些投入和消耗便构成了高校教育教学改革的成本。高校教育教学改革的成本是高校教育教学改革代价的一个重要组成部分，如果没有这些投入和消耗，高校教育教学改革便无法推行，更不可能达到既定的目标。

其次，高校教育教学改革主体在面临的众多的价值目标中，为选择优先实现的价值目标而不得不舍弃和牺牲其他一些对高校教育教学仍然有益的价值目标或价值追求。这些被舍弃和牺牲的价值就是改革主体为换取优先实现的价值所付出的代价。例如高校教育教学改革中效率与公平的取舍等。

再次，高校教育教学改革主体在追求和实现改革的价值目标时，不得不承受改革目标本身所带来的消极后果和不良影响。世界上任何事物都是利弊统一体，并不存在完美无缺、十全十美的事物。

最后，高校教育教学改革代价还包括在改革过程中由于改革决策者和实施者的错误、失误所造成的与改革目标相悖的消极后果。改革是一项探索性的事业，人们在改革过程中不可避免地会出现一定的决策错误或失误。这些错误和失误所导致的牺牲和损失也构成了改革代价的一部分。

二、高校教育教学改革代价的类型

对于高校教育教学改革代价的类型，依据不同的分类视角和标准，可以作出不同的划分。结合相关的研究成果，我们认为，高校教育教学改革代价主要有以下几种类型：

（一）个体代价与社会代价

个体代价和社会代价是依据高校教育教学改革代价主体层次的不同所划分的两种代价类型。个体代价是指个体为高校教育教学改革自觉或不自觉地承受的损失或作出的牺牲；社会代价是指高校教育教学改革给整个社会带来的损失或负面效应。我们知道，个人需要和社会需要的矛盾是高等教育发展中的基本矛盾之一。依据高等教育目的应该从个人需要出发还是从社会需要出发，形成了个人本位和社会本位两种相互对立的高等教育价值取向。一般来说，强调以社会为本位的高校教育教学改革取向就意味着个体发展要付出相应的代价；而强调以个体为本位的高校教育教学改革则意味着社会发展的需要在高等教育中受到忽视。

（二）必要代价与不必要代价

必要代价与不必要代价是依据高校教育教学改革代价功能的不同所划分的两种代价类

型。必要代价是高校教育教学改革过程中的合理付出，它有自己存在的客观性和必然性，它被内在地、直接地对象化为事物发展的结果。不必要代价是同高校教育教学改革进程没有内在、必然联系的失误造成的损失，是与主体价值目标相反的否定现象。区别二者的标准在于效用性。必要代价是人们为达到高校教育教学改革目标而作出的有效付出，改革主体付出后能够得到合理的补偿。不必要代价一般是由改革主体的失误造成的，它的付出对于高校教育教学改革目标的实现没有任何价值，改革主体付出后也得不到相应的补偿。

（三）物质代价和精神代价

物质代价和精神代价是依据高校教育教学改革代价内容的不同所划分的两种代价类型。物质代价是指高校教育教学改革主体为了或因为改革而不得不放弃的某些物质利益、承担的某些物质损失，如物质利益、经济利益等；精神代价是指高校教育教学改革主体为实现改革目标，在精神方面承受的各种损失，如心理阵痛、智力投入等。其中，精神代价以物质代价为基础，只要改革主体对实践结果寄予希望，就会产生精神效应，同时精神受损的情况也会对物质代价产生影响，二者成正比。

（四）代内代价和代际代价

代内代价和代际代价是依据高校教育教学改革代价影响的代际性与持续性不同所划分的两种代价类型。其中，代内代价是指高校教育教学改革当时的成本付出、牺牲与人为的失误；代际代价是指高校教育教学改革对日后高校教育教学、人才培养等所产生的消极影响。尤其是那些比较激进或者以"运动"方式实施的变革，不仅当时的代内代价高，而且也隐伏着矫枉过正的未来代际代价。

除上述主要类型之外，依据其他相关分类视角和标准，高校教育教学改革还可以分为成本性代价与损失性代价、自觉代价与自发代价、可承受代价与不可承受代价、积极代价与消极代价、有效代价与无效代价、肯定性代价与否定性代价、局部代价与整体代价、显性代价与隐性代价、直接代价与间接代价、有形代价与无形代价等。限于篇幅，在此不一一赘述。

三、高校教育教学改革代价的应对

代价是高校教育教学改革过程中不可避免的现象，但这并不意味着高校教育教学改革中出现的所有代价都是合理的、必要的。那么，如何采取有效措施去防范、减少乃至消除不合理和不必要的代价，以使高校教育教学改革顺利展开并获得最大的收益呢？这就涉及高校教育教学改革代价的正确应对问题。

（一）树立科学合理的高校教育教学改革代价意识

"所谓代价意识，就是实践活动主体对事物现实发展的可能性及自身活动目标达成的可行性、必要性所作的得失对比、利弊对比、成败对比分析与反省。"在高校教育教学改革活动中树立科学合理的改革代价意识尤为重要。从高校教育教学改革实践中所暴露出的诸多问题来看，一些不必要的失误和不合理代价的出现，往往与改革者没有树立科学合理的高等教育教学改革代价意识有着密切关系，这主要体现为改革者常常乐见并承认改革的成果，而不愿正视改革中的代价问题，存在着对代价的忽视、漠视以及误解等种种态度。因此，要使高校教育教学改革健康发展，首先必须树立科学合理的高等教育教学改革代价意识。

那么，什么才是科学合理的高等教育教学改革代价意识呢？在我们看来，科学合理的高等教育教学改革代价意识，就是要"首先承认改革代价产生的历史必然性，提高对代价的心理承受能力；同时力争最大限度地把变革发展的代价控制在最低限度与合理范围，把握好代价付出的'度'"。这种"度"就是对高等教育教学改革合理性代价的评判标准。这种评价标准应该是"合目的性"与"合规律性"的统一。具体而言，所谓"合目的性"，就是高校教育教学改革要合乎主体的价值追求，即合乎高校教育教学的主体需要，有利于教育教学质量的提高，促进受教育者的全面自由发展；所谓"合规律性"，就是高校教育教学改革要既合乎高校教育教学的基本规律又适应社会发展的客观要求。

（二）提高高校教育教学改革决策的科学性

高校教育教学改革决策，就是高校教育教学改革主体为实现预期的改革目标，从若干预选改革方案中选择满意方案的过程。决策在高校教育教学改革发挥着十分关键的作用。改革决策的科学性与否，直接关系到高校教育教学改革的成败。因此，要防范、减少乃至消除不合理、不必要的代价，使高校教育教学改革顺利开展并取得成功，必然要有科学的决策。

"科学的教育改革决策过程应该是一个随着教育改革的推进逐步完善的过程。"在高校教育教学改革中，要提高决策的科学性，首先，在改革方案出台前要进行广泛的调研，通过调研分析教育教学中存在的问题，弄清楚问题所处的环境以及解决问题的主客观条件，以确保决策目标的科学性；其次，在改革方案拟订与选择的过程之中，要注意改革方案的整体性和详尽性，善于抓住对解决问题有制约作用的关键因素与环节，力求在权衡各个方案利弊的基础之上，选择最佳的一种改革方案；再次，在改革方案的具体实施过程中，应该根据改革目标制订具体的改革措施与手段，并发动相关人员认识改革的目标，积极参与改革的实施；最后，在全面推行新的改革措施之前，要经过试点，以便把可能出现的问题和缺陷尽可能暴露、解决在试点中。

（三）　区别对待不同类型的教育教学改革代价，做到分类处理

对于不同类型的高校教育教学改革代价，应该根据其成因、性质、内容等的差异加以区别对待，做到有针对性地分类处理。比如，对于教育教学改革中可以避免的人为代价，我们要搞清楚其产生的具体原因，究竟是未能合理估价自身主体功能、未能处理好主观能动性与客观规律之间的关系产生的，还是未能处理好教育教学的各种关系，对教育教学存在某些片面认识、错误认识而造成的，在分析原因的基础之上，有针对性地从最大限度上加以控制与避免，而对于教育教学改革过程中不可避免的必然代价，应尽量加以减轻，甚至为了取得更大的价值、实现更高的目标，对于高校教育教学改革过程中合理付出的必要代价，我们还会主动加以付出，等等。

高校教育教学改革的一般理论主要是关于高校教育教学改革的基础性理论知识。本章从高校教育教学改革的内涵、高校教育教学改革的目的、高校教育教学改革的模式、高校教育教学改革的策略和高校教育教学改革的代价几个方面对高校教育教学改革的一般理论进行了相应的阐述与介绍。主要观点如下：

（1）高校教育教学改革是指从事高校教育教学实践活动的主体，按照一定的教育教学改革目标和要求，通过各种政策、策略和措施，有目的、有计划地转变陈旧和不合理的教育教学思想、观念、体制、内容、方法和手段等，从而获得预期的进步和发展的一种实践活动。

（2）高校教育教学改革的目标是指从事高校教育教学活动的主体在高校教育教学改革活动前于头脑中或者改革计划、方案中预先形成的对改革活动结果的一种预见和构想，其大体可以划分为质量目标、体制目标以及结构目标等几种类型，主要具有导向、激励、调控、评价等几个方面的作用。

（3）高校教育教学改革的模式是指在高校教育教学改革实践中产生的一种设计和组织教育教学改革的理论，它主要说明的是高校教育教学改革以何种形式加以展开的问题。

（4）高校教育教学改革的策略是为实现高校教育教学改革的目标，在高校教育教学改革过程中有针对性地选择相应的步骤、方法、手段与程序等，以便为高校教育教学改革提

供一种切实可行的解决方案。选择科学有效的高校教育教学改革策略，需要综合考虑相关方面的影响因素。

（5）高校教育教学改革的代价是指在高校教育教学改革过程中，从事高校教育教学改革的主体为了追求和实现既定的改革目标而作出的付出、牺牲以及承受由此过程所带来的消极后果。高校教育教学改革代价主要有个体代价和社会代价、必要代价与不必要代价、物质代价和精神代价、必然代价和人为代价、代内代价和代际代价等几种主要类型。对于高校教育教学改革的代价，我们应正确应对，采取有效措施去防范、减少乃至消除不合理、不必要的代价，以使高校教育教学改革顺利展开并获得最大的收益。

第七章　高校教育教学改革的要素分析

我国高等教育教学改革囊括了高等教育的主要领域和各个方面，反映了从单项改革发展到综合配套改革的整个历程。全面概括和简要分析教育教学改革的要素及其进展，不仅有助于了解 20 世纪最后 20 年我国高等教育改革的基本思路和主要成果，而且有助于把握 21 世纪我国高等教育改革的基本方向和发展趋势。

第一节　高校教育教学改革的理念分析

在高校的教学及培养人才的过程中，理念的作用是不可或缺的。从中外高等教育发展史的角度来看，理念在很大程度上决定着教学内容的性质、教学方法的选择和教学过程的走向。我国高校教育教学进行了全方位的改革探索，同样可以看到教育理念的变革对教育教学改革实践的影响与指导作用。

一、价值观

高等教育价值观是指人们对高等教育价值功能关系的系统认识、评价，并作为高等教育实践的指导思想。实际上，教育价值观已涵盖了教育本质、教育功能、教育目的、教育与人的发展、教育与社会、教育与自然等教育思想中一系列基本问题。这些问题从属于教育价值观，都可以从教育价值观中引申出来。因而，教育价值观是教育思想观念的核心。

以高等教育价值主要在于个人还是社会作为划分标准，形成了个人本位和社会本位两种价值观。高等教育社会价值观主要体现在高等教育所具有的社会的政治功能、经济功能、科技功能、文化功能上，这种价值也称为外在价值。高等教育个人价值观指受教育者在教育过程中自身获得满足和完善，体现在高等教育所具有的个人升迁功能、职业功能、成长功能上，这种价值也称为内在价值。

二、质量观

高等教育人才质量观，是指用什么标准作为衡量大学生的质量和教育效果，并据此来指导高等教育实践。传统教育注重知识传授，不论是个人本位还是社会本位价值观，知识都是人才质量的基本要求。从培根的"知识就是力量"命题的提出，特别是近代科学迅猛发展以来，知识的分量越来越突出，以至于人们将知识作为衡量人才质量的主要乃至唯一的标准。

随着科技进一步发展，知识激增，科技向生产力转化加速，特别是工业化社会的到来，人们逐步认识到仅有知识不能适应人的全面发展和社会发展的需要。20 世纪 80 年代中期，高等教育界开始反思只重知识、忽视能力的偏差，甚至认为能力比知识更重要。各国高等教育重视传授知识的同时也加强了能力的培养。相应地，衡量人才的质量标准除了知识外，更加注重了能力。人才质量标准具有从知识质量观向能力质量观转变的趋势。

20 世纪 90 年代，随着人类社会向信息时代迈进，科技发展的综合性、科学与人文两种文化的融合以及社会和经济发展加速、竞争的加剧等趋势越来越显著，社会对各类人才的质量标准要求越来越高。它要求大学生不仅要有专业方面的知识，而且要学习其他相关学科的知识技能。而个体要获取和掌握各种知识，形成和发展各种能力，却越来越依靠于个人的综合素质。在这样的时代背景下，我国教育界更加重视从人类和社会的整体发展方面思考高等教育和人才培养问题，提出了面向 21 世纪应培养什么样的人才的问题。人才质量标准除了重知识和能力外，还突出了人的素质尤其是综合素质，这实际上已实现了人才质量观的转变。高等教育人才质量观从知识能力质量观向综合素质质量观转变，表明了人才培养质量标准处于不断发展变化的辩证过程，反映了时代和社会对人才培养需要的特征。

这种人才质量观的转变，在高校的教育教学改革中具体表现为素质教育理念、通识教育理念、产学研合作教育理念和创新教育理念的应用。

（一）素质教育理念

在素质教育观念指导下，高校教育教学越来越走向个性化，各高校都在积极探索适合自身校情的、有自身特色的人才培养模式。该决定特别强调："高等教育要重视培养大学生的创新能力、实践能力和创业精神，普遍提高大学生的人文素养和科学素质。"这一精神为高校从知识、能力到素质多方面推进素质教育、开展教育教学改革指明了发展方向。多年来，我国高校在全面推进素质教育课程与教学改革、加强高校社会实践活动等方面，采取了许多切实可行的措施，取得了积极的成果。

文化素质教育的目标在于重建教育的整体性，它以知识为载体，通过激活思维、学会方法、掌握原则、提升精神境界，通过促进科学教育与人文教育的融合，加强实践教学，进而全面提高学生的素质。作为素质教育的基础，文化素质教育是高等学校全面推进素质教育的一个重要切入点。1995年以来，各高校有计划、有组织地开展了加强大学生文化素质教育的工作。经过十多年的实践，已经初步构建了文化素质教育体系，包括课堂教学、校园文化和社会实践这三种基本形式。随着加强文化素质教育工作的深入开展，素质教育理念在高等教育界逐步确立，并逐渐深入到教学改革的实践中，渗透到专业教育中，贯穿于人才培养的全过程，有力地推进了我国高等学校人才培养模式的改革。

（二）通识教育理念

随着高等教育的发展，过分专业化的问题逐渐引起人们的注意。20世纪80年代末期开始，加强基础、拓宽专业、学科渗透等成为高等教育教学改革的重要内容。许多高校结合本校实际，借鉴世界高等教育发展的先进经验，进行了富有成效的改革，在通识教育的人才培养目标、通识教育培养方案、核心通识课程体系及学生管理体制等方面取得了不少成绩，积累了很多有益的做法，促进了大学生综合素质的提高。其中，北京大学、复旦大学、浙江大学等院校的通识教育改革尤其引人关注，为我国在新时期人才培养模式方面进行了有益的探索。

通识教育强调的是心性培养和文化熏陶，其目的在于为学生提供多学科、跨学科的知识，提供丰富多彩的文化背景，提供深入思考问题、研究问题的取向和方法，提供必要的学术规范，从而全面培养学生分析问题和解决问题的能力。通识教育理念经过理论界的引进和高等院校的不断摸索实践，在促进高校教学改革、提高人才培养质量方面发挥了重要的作用。

（三）产学研合作教育理念

全面质量观下的产学研合作教育不仅以培养应用型人才为目的，更主要的还以培养学生的综合素质、综合能力为重点，利用学校与企业、科研单位等多种不同的教育环境和教育资源，充分发挥它们在人才培养方面各自的优势，把以课堂传授知识为主的学校教育与直接获取实际经验、创新能力和实践能力为主的生产、科研实践有机结合。

（四）创新教育理念

创新包括新的发现和发明、新的思想和理念、新的学说与技术以及新的方法等一切新事物的创造。通过创新的教育、教学活动来培养学生的创新能力，进而实现上述新事物创造的教育，就是创新教育。其中，创新能力的培养是创新教育的核心。创新教育的内容包括创新意识、创新思维、创新技能、创新情感与创新人格的培养。创新人才培养的关键是发展个性。因为创新人才的重要特质是与众不同的个性，以及见之于行为的独立性，有利于取得创造性成果，是人的创造性的基础。培养一大批高素质创新人才是高校的历史使命，也是高校改革发展的最终目标。以培养学生的创新精神和实践能力为重点，全面推进素质教育，是 21 世纪以来我国高校教学改革的重要内容。

在创新教育理念指导下，许多高校在营造创新教育的良好氛围、建立创新型人才培养实践基地、改革教学内容方法、优化课程体系和人才培养模式以达到培养创新型人才目的的方面，展开了积极的探索与实践。例如：实施"平台＋模块"的课程体系，按一级学科和学生的共性发展要求构建公共课程基础平台，按二级学科构建学科基础和专业基础课程平台，按专业方向设置专业课程模块，加强基础、拓宽口径，增强适应性，为培养学生的创新能力打下坚实的基础；优化教学计划，压缩课内学时，减少必修课，加大选修课的比例，为学生提供更多的选择机会和灵活自主的学习空间；课程设置分层次、按模块，满足不同专业、不同层次学生的需求；加强文化素质教育，增设相关选修课程，为学生的创新活动提供深厚的文化底蕴；实施主辅修学习制度，加强复合型人才培养。鼓励学有余力的学生跨学科、跨专业修读辅修课程、辅修专业和第二学位专业；创造条件，扩大优秀学生直升硕士研究生的比例；加强启发式教学，推广讨论教学、案例教学、探索性教学、设计性试验等教学方法；实施第二课堂培养计划，将第二课堂开展的思想教育活动、科技创新活动、文化体育活动、社会实践活动等纳入创新人才培养体系，设立课外素质能力学分，使课内培养与课外培养相结合，全面提高学生的创新能力和综合素质；倡导个性教育，把学生的个性作为一种创新资源来开发，摒弃"差生"概念，尊重每一个学生的人格，让学生始终保持良好的自尊和自信，挖掘每一个学生的创造潜能，给每一个学生的个性发展创造宽松的环境。

三、发展观

"规模、结构、质量、效益协调发展"，即要求规模要适度发展，结构要更加合理，质量要上一个台阶，效益要明显提高，走一条集约化的高等教育发展道路。"强化质量意识"，即要求高等教育的发展不仅仅在于数量上的增加，更重要的是质量上的提高。强化质量意识，是新的高等教育发展观最为突出强调的一点。由数量向质量转移，标志着一个时代的结束和一个时代的开始。

从高等教育方面看，社会所急需的是高质量、高素质的各类人才，高等学校之间的竞争主要也表现为人才质量方面的竞争。所以，就高校而言，质量是高校生存和发展的生命线。增强质量意识，提高教学质量是高校的永恒主题。高校的任何改革与发展战略都应当从提高教育质量出发，把提高高等教育质量作为发展战略的重点具有特殊的意义。

当前，强化质量意识已逐渐深入人心，我国高等教育正在从科学教育为主向科学教育和人文教育的融合转变。我国部分高校已开始认识到教育质量的重要性，并在深化教学改革中进行了一系列探索。如把科学教育与人文教育整合起来，把专业教育与素质教育融合起来，把应用目标与学术目标结合起来，把社会发展与个性发展协调起来，等等。这种新的高等教育发展观，必将对高等教育教学改革发挥重要的指导作用。

四、办学观

办学观即高校办学的基本指导思想，它是指高校在某一时期内指导办学的总体思路、观点、目标和工作重点的概述，是依据一定的教育思想和教育方针，适应国家和社会发展的需要，从学校的实际与可能出发，对学校的办学宗旨、学校定位、培养目标和工作重心、发展战略等大政方针予以明确，使之成为指导学校办学所必须遵循的大方向和总要求，成为学校改革、建设和发展的总纲。"办学观的核心问题有两个，一是'办什么样的学校，怎样办好学校'；二是'培养什么人，怎样培养人'。两者是紧密联系的。前者讲办校，后者讲育人。育人是办校的根本职能，办校是实现育人的根本途径。"因此，办学观是否明确和科学，直接影响一所高校办学的效果和人才培养的质量。

高等教育改革实践和高校工作的一个经验教训，就是在高等教育办学观上，必须坚持以教学为中心和教学改革为核心的办学指导思想。我们知道，高等教育本质上乃是一种培养高级专门人才的活动，高等学校的根本任务是培养高级专门人才，而教学则是实现人才培养的基本途径。教学工作的水平和质量如何，决定着人才培养的质量。因此，教学工作始终是高等学校的中心工作。高校中的其他工作要确保教学工作的中心地位并为其服务。而要提高教学水平，促进人才培养质量的提高，其根本动力在于不断深化教学改革。只有通过深化教学改革，不断创新人才培养模式和教育教学方法，形成有利于人才成长的运行机制，才能最终促进教学水平和人才培养质量的提高。因此，教学改革是高校各项改革的核心，其他改革必须围绕并为教学改革这个核心服务。

坚持教学工作为中心和教学改革为核心，是高校办学实践和高等教育改革中应树立的重要的教育思想。能否坚持以教学工作为中心，关系到能否明确认识和正确处理高校中教学与科研、服务等工作的关系，直接影响到高校整体办学目标的确立和实现；而能否坚持以教学改革为核心，则关系到能否在高校各项改革中把教学改革放在核心位置上，这是高校能否推动和深化教学改革的前提，直接决定着整个高等教育改革的成败。因此，我们在高校办学实践和高等教育改革活动中，一定要坚持这一科学的办学观，"高度重视教学工作，加大教学投入，强化教学管理，深化教学改革，采用各种措施确保教学工作的中心地位，把提高教学质量落到实处"。

第二节　高校教育教学改革的内容分析

教育理念的变革对高校教育教学改革具有重要的指导作用，这些理念也将落实到具体的改革内容中去。下面我们分别从人才培养目标与模式的改革、专业结构与课程体系的调整、教学管理制度的调整与变革、内部质量保障体系的建立、教学方法和教学手段的变革以及学生主体性的发展与发挥几个方面，对高校教育教学改革的内容进行阐述与分析。

一、人才培养目标与模式的改革

（一）人才培养目标的改革

高校教育教学改革的根本目的是提高人才培养质量，而人才培养质量与高等教育人才培养目标紧密联系。1978 年以来，我国高等学校人才培养目标经历多次发展变化，主要经历了如下转变：由注重专业对口教育向宽口径综合素质教育的转变；由注重知识传授向注重创新精神和实践能力培养的转变；由注重共性教育向注重个性发展的转变；由注重学科系统性向多学科交叉、融合的转变。

（二） 人才培养模式的改革

对人才培养模式的含义与作用，学术界有不同认识。有人认为，人才培养模式是教学资源配置方式和教学条件组合形式，是人才培养过程中表面上不明显但实际上至关重要的一个因素。同样的教师、同样的教学条件、同样的学生，通过不同的培养模式所造就的人才，在质量规格上会有较大差异。另一种观点认为，人才培养模式是指在一定的教育思想和教育理论指导下，为实现培养目标而采取的培养过程的某种标准构造样式和运行方式，它们在实践中形成了一定的风格或特征，具有明显的系统性与范型性。还有人认为，所谓人才培养模式，是在一定的教育思想或教育观念的指导下，对培养目标、业务规格、培养过程、培养方法、教育管理体制等教育变量的系统组合，是制订教学方案或教学计划的基本依据。

人才培养模式改革是高校教学改革的方向或目标。人才培养模式改革动因既有来自教育外部的，也有来自教育内部的。对于高等学校而言，人才培养模式改革应该包括两个方面：其一是遵循教育外部的关系规律，以社会需要为参照基准，调整学校的专业设置以及专业的培养目标、培养规格，使人才培养更好地适应经济与社会发展的需要；其二是遵循教育内部的关系规律，以专业的培养目标、培养规格为参照基准，调整专业的培养方案、培养途径，使人才培养模式中的诸要素更加协调，提高人才培养质量与人才培养目标的符合程度。总之，人才培养模式改革的过程，就是变不适应为适应、变不协调为协调，实质上是主动适应社会的过程。

具体来说，高校人才培养模式改革的探索思路是，从 21 世纪人才素质要求入手，确定人才培养目标与规格要求和相应的人才培养模式。20 世纪 90 年代中期以来，许多高校开展了一场以加强素质教育和强化质量意识为核心的教育思想观念大讨论。其中对 21 世纪人才素质要求和培养目标进行了大量的研究与探讨，基本形成如下共识：21 世纪的人才应当既要有知识，又要有能力，更要有使知识和能力得以发挥作用的素质，即要求知识、能力、素质三者和谐融合；21 世纪高等学校培养的人才应当是基础扎实、知识面宽、综合能力强、整体素质高的人才。为此，必须实施全面素质教育，构建新的人才培养模式，在坚持社会主义办学方向、贯彻教育方针的前提下，综合考虑知识、能力和素质的整体要求。

（1）知识方面，主要包括科学文化知识、相邻专业知识和本专业知识三个部分。前两者结合构成了基础知识，后两者结合则构成了专业知识。其中本专业知识分量不宜太重。三种知识的具体比重应因校、因专业、因人而异，体现了办学特色和个体发展倾向。

（2）能力方面，主要包括获取知识的能力、分析问题和解决问题的能力以及创新能力等。其中特别强调的是创新能力。它不仅是时代和社会发展特征的要求，也是我们以往的薄弱点。

（3）素质方面，主要包括道德思想素质、人文素质、专业素质、心理素质和身体素质五个方面。其中人文素质是基础，对其他素质具有很大的渗透力和影响力。

知识、能力和素质三者之间具有内在的密不可分的联系。知识是素质和能力的基础，知识沉积为素质，并通过素质转化为能力，素质是潜在的能力。良好的基本素质、优化的知识结构和合理的能力结构都是 21 世纪人才所必备的条件。因此，人才培养模式改革，重点在于如何将知识、能力和素质三者有机地融合起来考虑，并贯穿于人才培养活动的全过程。

二、专业结构和课程体系的调整

高校教育教学改革的实质内容主要表现在专业、课程、教材、教师等方面，即名专业、名课程、名教材、名教师"四名工程"的建设，以及教学管理制度等方面的改革。

（一）专业结构调整与改革

专业设置，是指在高等教育（或中等专业、职业教育）中，根据学科发展和社会职业分工等方面的情况，本着促进社会发展与个体发展相结合的原则，对学生学业方向进行必要的划分。高等教育本质上是建立在普通教育基础上的专业性教育，因此，不论学业方向的划分是宽或窄、刚或柔，还是预置或即时编组；是学术基准或职业基准，还是学习者自主确定或教育者审慎提供，专业设置都是不可或缺的。专业设置的原则、方式构成了人才培养模式的一个重要特征。也就是说，专业设置直接影响到人才培养的规格、模式和质量，关系到大学能否为社会培养合格的人才，因此，专业结构改革是高等学校教学改革的关键与突破口。

20 世纪 90 年代以来的专业调整与之前的不同不仅表现在专业种类数量的减少趋势上，

而且表现在专业设置权力的变化上。专业设置权限上的变化主要表现在高校拥有了在专业设置、变更和取消方面的部分自主权。

《高等学校本科专业设置规定》出台之后，高校普遍进行了本科专业的调整工作，主要是向着以下两个方向进行。一是校内调整专业，拓宽专业口径。对校内性质相近、口径较小、社会需求量太小、办学效益低的一些专业进行压缩、合并，形成口径较宽的大专业。同时淡化专业之间的界限，打破专业之间的壁垒，促进学科之间的相互交叉与渗透。二是校外联合办学，丰富校内专业构成。通过与校外大学尤其是综合性大学的联合办学，充分发挥综合性大学活跃的多系科交叉的学术环境，丰富校内专业构成，学科专业的多样化为学科相互渗透开设跨学科课程提供了必要条件。

为此，进入 21 世纪之后，提高高等教育质量成为高等教育系统的首要目标和主要任务。反映在专业发展与建设上，一方面，教育部在逐步加强高等学校专业设置总量控制的同时，经教育部批准新合并的院校、新设置院校、招生规模大幅扩大或本科专业年均招生规模过大的院校，其年度增设专业数可考虑适当增加；另一方面，优化专业结构，提高人才培养质量，大力培育优势明显、特色鲜明的专业，加大建设力度，逐步形成品牌专业和特色专业，提高专业建设质量成为专业建设新的主要指导思想。

（二）课程内容和体系改革

课程结构、教学体系内容方法改革，是改革人才培养模式的具体体现，是教学改革的核心。课程是指高等学校按照一定的教育目的所建构的各学科和各种教育、教学活动的系统。它既是有组织的学科体系，又是有目的的教学活动体系。因此，所谓课程体系，其构造原理和基本架构，事实上成为了标示人才培养格局的客观指南。教学内容和课程体系直接反映教育目的和培养目标，是提高教育质量的核心环节；同时，它的改革也是高校教学领域的深层次改革，因而属于高等学校教学改革的重点和难点。

教学内容是课程的有机组成部分，课程体系改革必须以教学内容的更新为切入点。更新教学内容，即对不适应时代、科学技术发展要求的陈旧的内容进行有选择的淘汰，并及时将适应时代及科学技术发展要求的内容充实到教学内容之中。

我国高校教学内容的变化表现出以下几个重要的趋势与特征。

1. 教学内容现代化

大学是通过传递和探求人类文化科学知识来培养人才的，所以，大学的教学内容直接受到现代社会、知识和技术发展的影响。教学内容现代化就是指教学内容不断推陈更新，适应社会、知识及技术发展的过程。我国高校教学内容的现代化，一方面体现为教学内容的推陈出新，不符合时代要求的内容逐渐退出大学课堂，反映时代发展的内容进入大学课堂，甚至发展成为一个专业；另一方面体现为在教学内容选择上，国家对教学内容（课程）的计划性和统一要求不断减弱，学校以及学生对教学内容（课程）的选择有了更大的自主权。

2. 教学内容国际化

20 世纪 70 年代以后，以原子能、航天和电子计算机的应用为代表的第三次科技革命席卷全球，技术全球化使横亘于国家之间的藩篱被打破，高等教育国际化成为发展的潮流。而高等教育国际化的活动策略之一就是从事"与教育有关的活动，如课程的国际化、外语学习、学生与教师的国际交流、学分和学位认同制度、国际性的暑期教育计划等等"。

3. 教学内容基础化

随着 20 世纪 80 年代初我国本、硕、博三阶段现代高等教育体系的建立，本科阶段在三阶段（本、硕、博）的高等教育框架内，无疑成为一个基础性的部分。另外，随着终身教育理念与实践的展开，高等教育不再是社会精英享用的特权，更不是个人接受教育的顶点，而成为每个人一生中接受教育的一个阶段，成为继续教育的起点和基础。这种本科教育的基础性地位成为教学内容基础化发展的主要背景。为了打好基础，扩大知识面，培养大学生更好地适应社会、经济与社会科学技术发展的基本素质，许多高校着力推行通识教育，大量开设文理基础课、综合教育课和公共选修课。

教学内容和课程体系改革具有工作量大、复杂性高、周期性长等特点，几年来，在这一领域改革的基本做法是通过国家、省市、学校综合配套立项，进行研究和改革实践。教学内容和课程体系改革是高等教育改革中唯一由国家统一组织实施的改革项目。20 世纪 90 年代，对于教学改革究竟如何深入，当时有多种选择，可以从学科建设和专业改革入手，可以从教学计划和课程大纲入手，也可以从教学模式和教学方法入手。经过研究，教育部决定从教学内容和课程体系入手，其主要原因有如下四个方面：一是"教学内容和课程体系直接反映教育目的和培养目标，是养成人才素质、提高教育质量的核心环节""是教学改革的重点和难点，是深层次的教学改革"；二是在"国际竞争日趋激烈并集中体现在科技和人才激烈竞争的宏观背景下，在我国经济工作正在实现经济体制和增长方式的两个根本性转变的形势下"，培养具有先进科技知识和能力的高素质人才，是当前形势的强烈要求；三是高等教育的教学内容陈旧，教学模式和教学方法、教学手段比较单一，在科技迅速发展的背景下显得更加突出，不大力改革和更新就很难适应国内外形势发展的需要；四是抓住教学内容和课程体系改革，可以促进教学思想的转变、教学模式的改革，带动教学方法和手段的改革，影响到学科专业的发展和培养规格的改革，从而推动高等教育教学工作的全面深入改革。

面向 21 世纪的教学内容和课程体系改革计划是一个深得人心、具有跨世纪意义的重大举措，将带动教学领域的全面改革和高等教育的整体结构性改革。同时，各省市、各高校也从实际出发，相应地设立了一批改革立项项目，实行国家级、省市级及校级三方面配套管理、研究和实施改革。我国高校教学内容和课程体系改革有如下三种情况：

（1）部分高校改革力度较大，基本上在"体系"意义上进行教学内容和课程体系改革。主要体现在这些院校的改革是在专业或专业以上的层次对教学内容和课程体系进行重组和调整。一些先进的院校在这方面的改革已处于攻坚阶段，并取得了突破性进展和研究成果。

（2）部分高校改革力度中等，在一定程度的"体系"意义上进行教学内容和课程体系改革。主要体现在这些院校的改革是在专业层次以下的某一课程群或某一知识模块上对教学内容和课程体系进行重组和调整，并取得了较明显的改革进展和一定的研究成果。

（3）部分高校改革力度较小，尚未在"体系"意义上进行教学内容和课程体系改革。这些院校没有真正领会教学内容和课程体系改革的基本内涵和精神实质，改革仅停留在调整个别课程门数、增减教学时数以及设置若干选修课程上。而且这些课程门数及教学时数的调整多是硬性统一规定的，如规定所有课程统一压缩百分之几等。设置的若干选修课程不仅量少，且缺乏规范化和标准化。这样的改革未能触及课程体系的根本性问题，不仅没有克服原有的主要弊端，反而使课程体系更加膨胀，没有达到改革的预期目的。

总之，我国高校通过课程与教学改革，在保障和提升高等教育质量、促进高校内涵建设等方面取得了显著成效，主要经验包括：第一，高校课程与教学改革要重视教育思想的转变和科学质量观的确立，只有这样才能保证改革的正确方向，并同时为改革提供科学的理论指导。第二，高校课程与教学改革要重视课程与教学理论的研究。三十多年的改革实践表明，课程与教学领域取得的众多理论研究成果对于确保课程与教学改革实践的成功发挥了巨大作用。第三，高校课程与教学改革需要国家政策文件的引导和保障。国家出台相关政策文件，有利于促进高校质量文化形成，从而为高校提升教育教学质量提供最有力的保障。

三、教学管理制度的调整与变革

教学管理制度，广义上，包括一切与人才培养有关的管理运作方式，如教学管理机构及其运行机制，从招生选拔、中间考核到毕业条件的规章制度，基本的教学单位或组织形式，围绕课程规划（教学计划）的教学制度，等等。狭义上，教学管理制度特指在一定的课程规划或教学计划中，为实现培养目标而设定的管理常规，如学年制或学分制、主辅修制或更自由的选修制、本硕贯通制和双学位制、内部教学质量保障体系等。在高校的教育教学改革过程中，变化与调整最大的是学分制、选修制与辅修制/双学位制的实施，以及高校内部教学质量保障体系的建立。

（一）学分制的实行与发展

学分制是指以学分作为计算学生学习量的单位，以学分来衡量学业完成情况，并以学生取得最低必要学分作为毕业标准的教学管理制度。目前，学分制是世界各国高等学校普遍采用的教学管理制度。学分制的本质特征可以概括为学习时限的灵活性、学习内容的选择性、课程考查的变通性和培养过程的指导性，其主要特点是淡化传统的班级概念，实行选课制、弹性学制，充分体现以人为本，注重共性和个性的需求差异，突出人才培养的多样性、个性化。

（二）选修制的实行与发展

选修制是学分制的基础与核心。选修制又称选课制，是指允许大学生对学校所开设的课程有一定的选择自由，学生可以根据自己的需要、兴趣和能力选择课程、任课教师和上课时间，选择适合自己的学习量和学习进程。自 20 世纪 70 年代末以来，我国许多高校都把选修制改革作为推进教学改革的一项重要举措。选修制的实行顺应了经济、文化和科技发展的客观需要，使我国高等教育教学发生了深刻的变化。

我国高校的选修制作为学分制改革的一个主要内容，是与学分制同步实行的。在学分制试行初期，按照专业培养要求，大学课程大体分为必修和选修两大类。必修课主要指各专业学生必修的基础课，以及根据培养目标要求学生必须掌握的专业课。选修课是指在规定的课程范围内，由学生根据自己的情况选学的一部分课程。1978 年，全国科学大会和教育工作会议召开，拉开了我国高等教育试行选修制的序幕。

建立完善的选修制是我国高校主动适应社会发展的必然选择。选修制改革的最终目的是在学习自由的思想基础上，克服传统教学设置的单一性、封闭性与滞后性，打破学校执行一种课程模式、按照一种进度学习的旧传统，开设多种不同课程，建立科学合理的课程模式以适应众多学生的不同需求。因此，实行选修制不仅可以改变学校人才培养目标单一化的状况，促使高校调整人才培养方案、优化课程结构，有利于培养宽基础、适应性强的创新人才；而且有利于创造教师之间的竞争机制，为教师提供了一个施展才华、充分展示教学水平的舞台，促使教师调整教学方法和教学手段、改革教学内容，加强教与学的互动性，不断提高自己的业务技能。

建立完善的选修制也是高校对遵循人才培养规律，激发学生个性和创新潜能的积极探索。选修制最为突出的优势在于为每一位学生提供了一个广阔的平台，提供了行使个人自主学习权利的机会，激发了学生学习的积极性，变"要我学"为"我要学"，并在决策的过程中学会正确地评价自己，学会为自己的选择负责。因此，选修制的实行不仅仅在于教学管理制度的改革，更是教育观念的更新，强调教育应以学生为本，大学应该给予学生更多的学习自由，培养学生的自主、自立、自信精神，最大限度地激发学生的创新潜能。

（三）辅修制/双学位制的试行与改革

为适应时代对复合型人才的需要，建立灵活的教学管理机制，从 20 世纪 80 年代开始，我国高等学校开始尝试实施辅修制/双学位制。辅修制/双学位制伴随学分制的发展而生，是选修制在学分制条件下的延伸和发展。辅修是相对于主修而言的，主修专业是指对学生所属专业规定课程的修读，是学生的主业；辅修专业则是主修专业的一种补充和扩展，学生可以根据自己的能力、爱好和特长选择一个或两个专业作为自己的辅修专业。辅修的专业课程原则上是本专业的主干课程，一般为 10~15 门，辅修总学分要求一般为 30~40 学分。学生按专业教学计划修完规定的辅修课程的全部课程并取得合格成绩者，可在毕业文凭上同时认定其主、辅修两个专业的毕业资格，并在学籍档案中注明。不少高校在实行辅修制度的同时，组织数量适当的课程计划，形成"双学位"课程，如果学生达到辅修专业学位授予要求的，即可授予双学位。因此，辅修与双学位常常并称，也常常同时施行。

武汉大学是率先实行辅修制/双学位制度的高校之一。自 1984 年起，为尽快培养一批国家急需的跨学科应用型专门人才，经国家教委批准，少数高等学校开始试办辅修和第二学士学位教育。武汉大学在 20 世纪 80 年代中期创建了辅修制/双学位制度，引导学生在学好本专业的同时，定向选修另一专业作为辅修专业。对于修读辅修专业的学生，达到辅修专业学分要求的，学校颁发辅修专业证书；达到辅修专业学位授予要求的，学校授予双学士学位。在当时，武汉大学试行的辅修制/双学位制对充分利用学校的教育教学资源，进一步拓宽学生的知识面，培养多学科、复合型人才，具有积极的意义，同时也在高等教育改革领域产生了一定的影响。

辅修制/双学位制的试行，是 20 世纪 80 年代高等院校针对当时学科、专业限制过死、过窄、过专的问题而进行的一项具有意义的教学改革尝试，它不仅使得学分制在替代学年制后显示出优越性，而且使得人才培养方案变得灵活而富有弹性。高校的专业设置开始面对市场，学生可以按照自己的兴趣、专长发展自己的优势，学校也能够不拘一格地因材施教，培养出各类不同规格的人才，既适应了社会的需要，也满足了学生本人的需要。

总之，辅修制/双学位制的实行，无论对社会发展还是学生个体发展，都具有积极的意义。一方面，辅修制/双学位制改革能缓解本科专业教育与社会发展实际之间的矛盾，缩短长线专业和短线专业之间的距离。20 世纪 90 年代后期以来，大学生的就业模式发生了根本性的变化，用人单位迫切希望通过"双向选择"选拔具有合理知识结构、富有开拓精神、适应能力强的人才。同时，综合型大学不可避免地拥有较多的长线专业，这些专业社会需求少、见效慢，给毕业生求职造成很大的压力。采取辅修制/双学位制之后，高校充分利用自身学科较全、门类众多的资源优势，开设面向市场的辅修专业和辅修学位。开设的课程既注重理论基础课，又兼顾应用性、操作性很强的课程，这样，一些学有余力的学生可适当分流到辅修专业去学习，使长线专业既减轻压力，又适应市场的需求。另一方面，辅修制/双学位制改革能够促进学生的知识互补和能力互补，提高学生的学习兴趣，满足不同类型学生自我发展的需求。实施辅修制/双学位制后，高校可对不同志趣、特长和能力的学生因材施教。辅修制/双学位制就有助于缓解学生因选择专业的盲目性而带来的问题，为不同专业学生的交流、互动提供了机会。此外，当学生对两个知识领域都有浓厚兴趣而无法取舍，出于就业的考虑不愿放弃第一专业而又感兴趣于别的领域时，为了有更多的知识能力背景以便在就业市场上拥有更强的竞争力时，辅修制/双学位制也不失为一个解决问题的办法。它为不同需求的学生提供了实现愿望的可能，让学生可以按照自己的兴趣、专长发展自己的优势，拥有更大的自主权。

因此，辅修制/双学位制成为 20 世纪 80 年代中期以后我国高等学校教学管理制度的又一重要改革。

四、内部教学质量保障体系的建立

质量保障这一术语最初发端于工商业界，其意指厂家或者产品生产者向用户保障其提供的产品或服务持续达成预定目标以使用户满意的过程。高等教育质量保障可以理解为高等教育相关机构通过运用质量管理、监督、控制、审计、认证和评估等手段，以保障其培养的人才、开展的科研以及所进行的社会服务等一系列活动持续达到预定的目标，以使高等教育消费者满意的有计划、有组织的活动过程。

对高等教育的质量进行保障，需要建立相应的质量保障体系。所谓高等教育质量保障体系，是指为使高等教育消费者（政府、社会、学生）对高等教育机构在人才培养、科学研究、社会服务等方面的质量感到确有保证，而运用系统原理建构起来的组织与程序系统。其功能在于组织有关教育管理的各种活动，对教育质量作出评价，及时反馈评价信息，从而保证有关部门进行准确调控。根据实施高等教育质量保障的主体不同，高等教育质量保障体系主要区分为内部质量保障体系和外部质量保障体系。

高校内部质量保障体系是高等学校内部为了实施连续有效的质量控制和提高质量所建立的管理体系，主要负责高等学校内部的质量保障活动。它是由学校为提高教育质量与配合外部保障活动而建立的组织与程序系统，与教育质量的外部保障机构相互合作以完成教育质量保障的任务。高校内部质量保障体系的建立，可以使高校及时发现问题并采取整改措施，对保障学校教育质量的稳步提高起到重要的作用。因此，作为内部保证的主体，高等学校应充分发挥其主动性，对自身的教育教学质量进行控制和自我评价，不断调适高校内部的自我发展、自我约束机制，建立健全高等学校与社会、市场良性循环的内部教育质量保证体系。随着我国高等教育的快速发展和高等教育规模的迅速扩大，高等教育质量问题日益受到社会各界的广泛重视。本科教育作为高等教育的"基础教育"，其质量直接关系到整个高等教育质量的提高和高等教育大众化的实现，因此更是备受关注。为了提高本科教育教学质量，各高校采取了诸多措施，使得适应我国经济社会发展需要的高等学校内部教学质量保障体系得以建立。

（一）建立高校内部教学评价体系

1985 年开始的高校教学评估的试点实践，引发了各高校对内部教学评价的重视。

（二）建立和健全教学督导制度

建立教学督导制度是高校为保证教学质量、建立高等学校内部教学质量保障体系所采取的又一重要措施。

教学督导的内容涉及从课堂教学、实践教学、教材建设到课程设计、考试及毕业论文（设计）等各个教学环节，从优秀课、精品课到教学改革立项、实习基地建设、立项教学项目的评审等教学工作的方方面面。经过多年的实践，我国高校的教学督导在组织化与制度化方面取得了良好的进展。在组织化建设上，许多高校都建立了专门的教学督导与评估机构，有专职的督导员，并成立督导组、督学组（团），设立学生信息员。在制度化建设上，大都建立和健全了教学督导的制度。如听课、评课制度，师生座谈制度，信息反馈制度，档案资料建设制度等。从高校实施教学督导的实践可以看出，教学督导在促进教学改革、加强教学管理、树立教学典范、提高教学质量等方面发挥了重要作用。

（三）完善教学奖励制度

教学奖励制度是高校为提高本科教育教学质量，建构高校内部质量保障体系的重要举措之一。

（四）变革考试制度

考试考查作为高校教学质量评价的重要手段之一，对保障高校人才培养质量起着重要的作用。我国高校的考试、考核无论从理念还是内容、形式、结构、功能上都经历了从传统考试向现代考核评价的渐次转变，这种转变主要体现在三个方面。一是以试题库建设为标志的考试改革，通过建立标准化题库，实现考教分离；二是基于学分制下的考试改革；三是考试管理制度的健全完善。

五、教学方法和教学手段的变革

教学方法和教学手段是实现教学目标、完成教学任务的重要途径，并直接影响着教学质量和效率。如果只有教学内容而没有相应的教学方法手段，那么教学任务就会落空，教学质量就难以保证。教学方法是为完成教学任务，师生在共同活动中所采用的途径、手段、工具等相互联系的方式，它随着大学功能与理念的演进得以发展。教学方法的选择受到教育目的、教学内容、教学对象以及教师个人素质、能力等的影响。

20世纪80年代中期到90年代初，教学方法的改革得到比较广泛的开展，有如下几方面表现。第一，教学方法改革的目标，由教给学生更多的知识，开始重视如何教会学生学习，使学生获得独立学习与更新知识的能力。许多高校开设了"大学生学习指导"一类的选修课，出版了《大学生学习原理与方法》、《大学生学习引论》、《大学学习学》、《大学生学习指导》等一大批书籍，出现了"大学学习研究会"等社团组织，并进行过"学生学习情况的调查和学习指导研究"等课题研究。第二，教学方法的改革上开始减少学时，加强学生的自主学习。针对学生的课内学习负担过重的问题，许多高校开始重视减少课内学时，加强学生自主学习的改革。第三，开始重视启发式、讨论式、研究式教学。由只重视掌握知识量的多少，开始注重学习和掌握知识的过程，注重培养学生独立思考的能力和分析解决问题的能力。例如，许多高校，特别是文科类的院系，开始引进"案例教学"，通过精选的案例或实践中的典型事例，引导学生进行分析和讨论，以培养分析、解决问题的能力，也促进学生对有关基本理论的掌握。又如，理工科院系在原有实验课基础上，安排一定的"设计性实验"，即教师只提出实验的项目和目的，从实验方案的选定、实验仪器的选择、实验过程的安排，直到实验数据的分析和实验报告的写出，都在教师指导下由学生自主进行，以培养学生独立的实验研究能力，也促进学生对基本理论的深入掌握。在教学手段的改革和更新方面，最突出的是大力推动电化教学和开始引入计算机辅助教学。大多数高校都争取物资、经费条件，建立了"电化教育中心"，条件较好的高校，在此基础上进一步建立了"计算机辅助教育中心"。

20世纪90年代中期，随着教育教学观念的转变和现代信息技术的飞速发展，高等教育的教学方法和手段也发生了变化。其一，教学思想和教学方法不断转变。有的学校总结教学方法有四个转变：课堂教学从灌输性教学向探索性教学转变；实验教学从验证性实验向设计性实验转变；成绩考核从应答性考试向创作性考试转变；毕业论文从模仿性训练向研究性训练转变。其二，计算机在教学中发挥了更大的作用。20世纪90年代计算机辅助教学有了更大的发展，各种CAI软件、课件在教学中发挥了重要作用，许多高校建立了计算机教室、电子阅览室，研究生学习几乎离不开计算机。其三，由重点高校建设教学科研网，众多高校建设校园网并与CERNET联网，网络升级，逐步开设了网络课程建设教学网站，直到部分高校开设网校，逐步开通了网络信息的高速公路。其四，卫星教育波段的增加以及教育卫星宽带网的开通和升级扩容，为创建国家教育信息化应用支撑平台，形成多层次、多功能、交互式的国家教育资源服务体系创造了条件。

近年来，从提高学生素质、培养学生研究能力与创新能力出发，我国许多高校的教师在教学方法上积极探索与实践，形成了一系列行之有效的教学方法。

1. 案例教学

这种方法区别于传统教学方法的地方在于教学内容有着独特的来源、性质、内容、编排体系，教学方法不仅指向教师，还要求教师和学生都要有相当大的行为变化。目前，案例教学被广泛地应用于各个大学的法学、商学、管理学等诸多学科的教学实践，通过精选案例或实践中的典型事例，引导学生进行分析和讨论，培养学生分析、解决问题的能力，也促进学生对有关基本理论的掌握。

2. 讨论式教学

讨论式教学法是在教师指导下，在教师引发学生思考问题的基础上，调动学生的学习积极性，让学生自觉、主动地参与教学过程，从而加强师生之间、生生之间相互交流的一种典型的互动教学方法。讨论式教学法以"培养学生分析问题能力、实现知识融会贯通"为宗旨，坚持科学性与思想性的统一、传授知识与培养能力的统一、教学与育人的统一以及对受教育者进行综合训练的原则，以培养学生"学会学习"为最终目的。

3. 学术沙龙式教学

这种方法是将"学术研讨"的基本原则和"学术沙龙"的民主形式结合起来，使教学过程中的教师、学生、教学媒体之间形成一种科学的结构，从而最大限度地发挥教育功能。在这种方法中，参与者针对同一主题发表各自的看法，既深化了彼此对这一问题的认识，同时也培养学生之间相互合作、独立思考的精神。学术沙龙式教学是目前各个高校应用较为普遍的一种方法，尤其是在研究生教学阶段，学术沙龙式教学成为最主要的一种教学方法，由于学生具有一定的基础知识和专业知识，师生之间更容易就某个主题进行探讨和交换意见。

除上述教学方法外，目前在高等学校教学实践中还有情境教学、发现教学、程序教学、启发式教学、自主型教学等方法被大量应用。总之，我国高校的教学方法改革呈现出如下一些特点：①人们充分认识到教学方法不仅包括"教"的方法也包括"学"的方法，在教学中注重教师与学生之间的互动；②根据培养目标及教学内容来选择教学方法，教学方法的运用以培养学生的各种能力（如解决问题、分析问题的能力，团队合作的能力，学会学习等）为目的；③各种教学方法不仅被广泛应用，同时也产生了不少有关教学方法的理论研究成果。

当前高校教学改革的基本宗旨是：调动学生学习的积极性、主动性和创造性，着重培养学生的创造能力和实践能力。改革的主要趋向是：强调启发引导，反对满灌；注重培养学生的创新能力、自学能力以及获得知识、处理信息的能力；重视课堂讨论，教师精讲，给学生留下思维空间和时间，发展学生的个性；注重实践性教学环节；等等。近年来，许多高校积极探讨并实施了专题研究与讨论、案例教学、课程设计、利用 CAI 课件或其他工具进行自学，改进实验课教学、教学实习，创造多种形式让学生参与社会实践，都是这种改革趋向的有效尝试。

教学方法是沟通教与学共同活动的中介，对实现教育目标来讲，它起着"桥"和"船"的作用。与教学方法发挥同样中介作用的，还有各种教学手段。教学手段是教学过程中一个必不可少的组成要素，它包括各种用以进行教学活动的教具、措施和设备等。我国高等学校课堂教学实践中所运用的教学手段实现了从普通教具向现代化教学手段的转变。许多高校从20世纪80年代初幻灯、投影的运用，到80年代中期开始利用声像资料发展电化教学，再到90年代以后计算机辅助教学的逐步推广应用，教学手段不断更新，现代化水平逐步提高。

随着电子信息技术、网络技术、多媒体技术的发展与普及，各个高校都已普遍建成了多媒体教室、网络实验室等，信息技术在高校教学中得到广泛应用，使高校教学发生了根本性的变化。现代教育技术手段的运用，使长期以来，高校以教室、实验室、图书馆等教学设施和在由围墙封闭起来的校园内实施教学为主要特征的教学模式发生了改变；使教学内容摆脱了原来的教材的限制，尤其是因特网的广泛应用，为教师和学生获取信息、更新信息提供了极大的方便。

六、学生主体性的发展和发挥

近年来，随着我国社会转型的逐步深化和高等教育的快速发展，大学生的主体性发展与发挥问题逐渐凸显出来，成为高等教育和高校教育教学改革所关注的热点话题。正如一位教授所指出的："高等教育是否把学生作为主体，在教育中如何体现学生的主体性，是当前高等教育内部体制管理改革和教学改革的一个核心问题。"由此可见，大学生的主体性发展与发挥也是高校教育教学改革的一个重要内容。

（一）高校学生主体性的内涵

主体是现代认识论的一个基本范畴，同时也是当代哲学研究的一个焦点。所谓主体是指认识活动和实践活动的承担者，是与认识和实践的客体相对应、相关联而获得其规定性的，具体来讲，就是指从事认识活动和实践活动的人（包括个体、社会团体以至整个人类）。

所谓主体性，是指人作为主体在对其活动关系的认识中表现出来的本质特征，是人在与客体相互作用中运用自身的本质力量，能动地作用于客体的特征，即人在实践活动中表现出来的自主性、自为性、主动性和创造性，是人作为活动主体的质的规定性。人的主体性是客观的，它随着个体的年龄增长、智力发展、心理成熟而不断发展，人的主体性的内涵受生产力发展水平和社会制度性质的制约。人们自己创造自己的历史，但是他们并不是随心所欲地创造，并不是在他们自己选定的条件下创造，而是在直接碰到的、既定的、从过去继承下来的条件下创造的。即使生存于相同的社会环境中，人的主体性的内涵也因为受个人认识结构、观念和思维方式的制约而存在着极大的差别。因此，人的主体性是历史的、具体的，具有鲜明的时代特点。

根据前述对主体性的一般分析，高等学校学生主体性就是指高等学校学生在教育教学实践活动中所表现出的自主性、自为性、主动性和创造性，它是教育教学及其管理活动正常开展、教育教学质量不断提高的必要动力。

自主性乃是指学生在高校中的主体权利，具有主体意识，获得主体地位，发挥主体作用，形成主体品质。具体而言，就是学生在学校教育中能够依据自身条件和需要，有计划、有目的地合理安排自己的教育活动，寻求更好、更有效的发展机会和条件。学生自主性是学生独立生存和发展的必然要求，也是学生形成独立意识、批判思维和价值选择能力的前提。否则，学习将失去自身的目的性、指向性和价值意义，成为一种外在的负担和被动接受的义务。

自为性是自主性的逻辑延伸。高校学生的自为性表现在对自我的认知基础上，形成独立的主体意识、独立的思维判断和价值取向，作为自觉的存在，对自己的行为活动作出独立的自我选择和自我决断，表现在把自我看作教育的对象，对自身的学习活动予以支配、调节和控制，从内在的动机出发，积极利用主客观条件，主动学习和思考，充分发挥自身潜能以充实和完善自身素质结构和体系，促成预期学习目标的实现。

学生的主动性是指学生在教育教学活动中，自觉、积极、主动地认识客体和改造客体，而不是被动地、消极地进行认识和实践。教育教学过程始终存在着两个发展方面：一是教师作为学生发展的促进者，通过教学内容和教学手段等促进学生发展；二是学生作为能够施加自我影响的人，不断地对自己施加影响，促进自身的发展变化。学生能够在高等学校提供的多种不同的教学服务中根据自己的意愿作出自己的选择，如选择教学时段、选择教学内容、选择教师等。同时，主体选择有利于学生主体性的实现，可以促进教学内容的更新、教学方法的改进。值得一提的是，充分发挥学生的主动性，并不是对学生放任自流，教师要在规范学生的学习过程与提供学生主动探索之间求得平衡。

创造性是主体性的灵魂，人的主体性的最高表现就在于人具有创造性。当今世界教育改革的趋势是全面提高学生素质、培养创新人才，而承认、发挥大学生的创造性是培养创新人才的关键。现代大学生思想活跃、精力充沛，应被视为创造的主体。要成为创造性人才，学生的主体地位要被尊重和落实，否则就没有创造的欲望和环境，即使有创造性精神品质，也会在压制创新的环境中泯灭。个性发展与创造性的发展是同步的，没有个性发展空间，创造性就失去了表现形式。

（二）　如何看待高校学生的主体地位

随着我国高等教育的不断深化，如何看待高校学生的主体地位，日益成为高等学校所共同面临的一个重要问题。对这一问题的回答，主要涉及对整个高等学校管理、建设以及不断提高教学质量的认识。

首先，高校学生不仅是通常意义上的"受教育者"，同时也是"教育服务"产品的"消费者"，更重要的是学校的正式成员，理应有主人的地位，包括参与学校管理、改革与建设的权利，以及对自己的学习和发展负有一定的责任。从目前高等教育大众化和成本分担的角度来说，学生确实具有客户的性质和特点，但学校与一般的服务性组织不一样，学生同时又是学校的正式成员。学生作为受教育者，或被比喻为学校的产品，那么，这种产品和服务的质量如何，不仅仅是学校教育的结果，也是学生个人努力的结果。学校的培养质量和办学水平如何，不仅仅是学校的问题，它与学生的参与、学生的积极性和动机都有着非常密切的关系，甚至从某种意义上可以说，根本取决于学生的努力。所以，学生是学校非常重要的正式成员，离开了学生这个成员，就谈不上学校的教育。这从根本上决定了学生在学校的主人地位，也就决定和要求学生本身具有这样的主体性。这种主体性不仅是他们的权利，更是他们的责任和义务。我们不能把赋予学生这种主体性仅仅看作学校领导和教师的一种责任，而要让学生认识这种主体性是自己的义务和要求，认识到作为学校的主人就应该对学校负责任、对自己的学习负责任。

其次，高等教育大众化造成入学模式发生变革，使高校学生本身的分化和差异性扩大，不仅表现在不同学校之间，而且表现在同一学校之内。因此，在这种变革的情况下，评价一所学校的教育质量，已经从一个外部的单纯客观的标准转向适应每个学生自身发展的一种学习和教育。这样的质量标准和新的教学模式，必须建立在学生高度的自主选择性的基础之上。要加大学生在学校的选择性，学校应该提供更多学生发展所需要的各种课程、教学和资源，并建立起一种更有利于学生不断进行选择的教学管理机制和办学模式，同时，也要求学生学会在这个过程中进行选择，从而体现其主体性。

再次，学生主体性在高校的体现，也是当前知识发展、知识更新以及信息社会对新的教学模式的要求。学生在校学习所面临的困难，不是如何吸收知识，而是如何选择对自己有价值的知识。学生在学习中或教师在教学中面临的难题，不是简单化地把某个成熟的观点告诉学生，而是把不同的观点呈现给学生，引导学生在其中选择更适合国情、更适合自己或更适合某个特定目标的知识。这就要求学生学会选择，而且具有这种进行选择的主体性能力，要求学生成为学习的主体，发挥其主动性、主体性。

另外，学科不断综合的趋势正在打破各学科之间的界限，打破各大学之间严格的壁垒和边界。这种学科的改造、建设及学校教育知识综合的变化，带来了一种新型的师生关系，任何教师在综合领域中其空间和权威都会相对地变小，而学生的空间则会扩大。如何把握不同学科之间的知识，如何利用知识融合为学生提供大空间促进其成长，也需要学生的主动性和自主性。在这种教学关系和学习空间中，学生必须主动地学习，并善于把不同学科的知识加以融合和提炼，才可能获得学习的成功，这也是学生主体性的一个重要方面。

第八章　高校教育教学改革的动力机制

任何改革都是在一定的动力推动下产生的，都有其相应的动力机制。高校教育教学改革也是如此，深入分析高校教育教学改革的动力，探讨它们之间的内在联系和作用机制，对我们正确认识高校教育教学改革的目标，有针对性地选择相应的程序、措施与方法，顺利地推进高校教育教学的改革，具有十分重要的价值与意义。什么是高校教育教学改革的动力机制？高校教育教学改革究竟由哪些动力引发和推动？它们之间又是一种什么样的关系？下面，我们将重点围绕上述问题加以讨论。

第一节　高校教育教学改革动力机制的内涵

动力原是一个物理学概念，意指"可使机械运转做功的力量，如水力、风力、电力、热力、畜力等"，后来一般被引申为引起或推动事物运动和发展的力量。高校教育教学改革的动力，就是指引起或推动高校教育教学改革的力量。我们知道，在现实实践中推动高校教育教学改革的力量往往并不止一个，"实际的改革是多种推动力合力作用的结果"。这些推动高校教育教学的力量可看作一个系统，它们常常同时作用于高校教育教学改革活动。那么，这些力量是如何作用于高校教育教学活动并推动其改革呢？这就涉及高校教育教学改革的动力机制问题。

机制一词来源于希腊文"mechane"，原指机器的构造和工作原理。后来被广泛地应用到其他学科和领域，用以说明自身运行的行为机理层次以及关系。在社会科学研究领域，机制一般被定义为事物或现象各部分之间的一种内在的联系及其联系方式。动力机制是一种功能型机制，它是指事物赖以运动、发展、变化的不同层级的各种推动力量，以及它们之间相互联系的过程、机制与方式，其本质是描述动力与事物运动和发展的内在联系。动力机制和其他事物一样都是作为一个系统而存在的，是一个多层次、多要素的复杂系统，动力因素既存在于一事物与它事物的普遍联系之中，也存在于该事物的内部各构成要素的相互依存、相互作用之中，动力机制在结构上有着自己的联系方式。

根据上述认识，我们这里可以给出对高校教育教学改革动力机制的理解，即所谓高校教育教学改革动力机制，乃是指引起或推动高校教育教学改革的不同层级的各种力量，以及它们之间相互联系的过程、机制与方式。

第二节　高校教育教学改革的动力因素

促使事物产生变化可以有多种因素，按其来源可分为外部因素和内部因素。据此，我们可以将引起或推动高校教育教学改革的动力分为外部动力和内部动力两种类型。下面，我们就从这两个方面对高校教育教学改革的动力进行具体的分析。

一、高校教育教学改革的外部动力因素

作为高校教育教学改革的主体，高等学校是一个系统性的存在。以学校为边界，边界内是学校内系统，边界外是学校外系统。高校教育教学改革的外部动力，就是从高等学校外系统引发或推动高校教育教学改革的力量。我们知道，高等学校并不是一个封闭的系统，相反，它总是不断地通过物质、信息和能量实现与学校外系统的交流与沟通，实现系统存在的功能，达成系统存在的价值。而学校外系统也正是通过这种能量的交换影响着学校这个子系统的运行，使系统之间保持平衡，并为学校系统价值的实现创造外在条件，为高校的教育教学改革提供动力。现实生活中从学校外系统引发或推动高校教育教学改革的动力因素有很多，既有社会大系统中政治、经济、科技、文化等子系统提出的新要求而产生的外动力，也有教育系统中学校竞争而产生的外部压力。

二、高校教育教学改革的内部动力因素

高校教育教学改革的内部动力，就是从高等学校内部系统引发或推动高校教育教学改革的力量。

第三节　高校教育教学改革诸动力的内在联系、共同特征和作用机制

高校教育教学改革内外部诸动力因素具有哪些内在联系？具有哪些共同特征？它们与高校教育教学改革之间的作用机制主要有哪些呢？下面我们拟就上述问题进行探讨。

一、高校教育教学改革内外部诸动力的内在联系

事物的变化发展是内因和外因共同作用的结果，内因是事物变化发展的根据，外因是事物变化发展的条件，外因通过内因起作用。据此我们认为，高校教育教学改革内外部动力的内在联系体现在以下三点：

（一）高校教育教学改革的外部动力是内部动力发挥作用的前提条件

事物的发展变化离不开外在力量的推动。虽然高校教育教学的相对独立性决定了其具有自身的演进规律和内在逻辑，但作为社会生活中的一种具体现象，它又与整个社会和社会其他现象发生着经常的、密切的联系，必然受到来自于社会大系统中政治、经济、科技等外部力量的影响。如果没有外部力量的诱发、刺激与推动，高校自身所存在的"惰性"显然使其难以从内部自发产生教育教学改革的动力和意愿。因此，高校教育教学改革的开展离不开外部力量的推动，高校教育教学改革的外部动力是内部动力发挥作用的前提条件。

（二）高校教育教学改革的外部动力的作用要通过内部动力才能实现

外因是事物变化发展的必要条件，对事物的变化发展有重要作用，有些甚至具有非常大的作用，但它的作用离不开内因，它必须通过内因起作用。内因具有对外因的某些因素吸收、消化，使之转化为自身的构成要素、成为自身的有机组成部分的作用。外因作用于

事物，通过内因的作用，会将外因的某些因素转化为事物新的有机成分，影响着事物的变化发展。如果只有来自高校外部动力因素的影响与推动，而没有来自高校内部动力因素的吸收，然后转化为对教育教学改革的推动，高校教育教学改革也不会成为必然。因此，高校教育教学改革的开展也离不开内部力量的作用，高校教育教学改革的外部动力的作用要通过内部动力才能实现。

（三） 高校教育教学改革内外部动力综合作用于高校的教育教学改革

事物的存在和发展，都是内因和外因相互作用形成的。它既不是单纯外因的推动，也不是单纯内因的自我运动，实际上是内外因素综合作用的结果。

高校教育教学改革也是内外部诸种动力因素综合作用的结果，虽然说这些力量和因素是分散的、各不相同的，但是通过各种形式的竞争、选择、融合、对话和协同转化为高校教育教学改革的动力和合力，共同推动高校教育教学的发展和变革的进程。

二、高校教育教学改革诸动力的共同特征

高校教育教学改革诸动力因素虽然各不相同，但也具有一些共同特征。正是因为这些共同的特征，使得它们成为高校教育教学改革动力机制的有机组成部分，共同推动高校教育教学改革的进程。它们具有的共同特征主要表现为整体性、层次性、动态性、相关性与互补性四个方面。

整体性。高校教育教学改革动力机制是一个合力系统，同其他任何系统一样，推动高校教育教学改革的动力系统是由无数个"相互关联""相互交错""密不可分"的动力因子及其能量组成的一个有机整体。某一动力因素之所以是高校教育教学改革动力机制中的组成部分，是以其他动力因素的存在，并与其他动力因素发生联系而对高校教育教学改革产生的推动作用为前提条件的。与这种整体性相适应的高校教育教学改革的动力机制，是以各动力因素的功能为基础，但不是各动力因素功能的简单相加。各动力因素的组合方式决定了动力机制的整体功能是否大于或小于各动力因素功能之和。

层次性。高校教育教学改革动力机制中诸动力因素对高校教育教学改革的重要性是不相同的，这是因为它们和高校教育教学改革的联系在紧密程度上有所区别。由此，各个动力因素分别属于不同的层级，体现出鲜明的层次性特征。

动态性。高校教育教学改革动力机制作为一个系统，不仅作为一种功能实体而存在，而且还作为一种运动而存在。高校教育教学改革动力机制中诸动力之间的联系就是一种运

动，诸动力与外部环境的相互作用也是一种运动。

相关性与互补性。所谓相关性，是指高校教育教学改革动力机制中，一种动力因素对高校教育教学改革产生的推动作用离不开其他动力因素的配合和协调，同时也会影响其他动力因素对高校教育教学改革的作用。所谓互补性，是指诸动力因素对高校教育教学改革的推动作用，是各有侧重和互相补充的。这说明推动高校教育教学改革是诸动力因素协同作用的结果。由此，我们既要看到各种动力因素单一的推动作用，又要重视几种主要动力因素协同的推动作用；既要充分发挥各个动力因素的促进作用，又要尽可能地避免各个动力因素的阻碍作用。

三、诸动力与高校教育教学改革的作用机制

应该指出的是，并不是说具有引发或推动高校教育教学改革的动力，高校教育教学改革就可以自动实现。高校教育教学改革诸动力与高校教育教学改革之间必须通过一个机制才能联系起来。目前，在高校教育教学改革实践中，一般来说主要有三种机制在发挥作用。

（一）行政机制

所谓行政机制，就是指由国家行政部门来主导高校的教育教学改革。影响高校教育教学改革的内外部诸动力因素最终都要通过行政部门的科层体制来进行过滤与筛选。在这种情况下，行政部门是高校教育教学改革的最后规划者、决策者甚至执行者。这种动力机制事实上是通过政府主导作为强大的外部干预因素牵动整个内部动力机制系统的运作，包括办学目标的确定、人才培养模式的选择、专业与课程的改革、师资队伍及办学条件的提升。一般来说，这种类型的动力机制较适合高校本身实力并不强大且内部动力不足的情况。

（二）市场机制

所谓市场机制，是指由市场来主导高校教育教学改革。在这种机制下，影响高校教育教学改革的内外部诸动力因素最终能否成为推动高校教育教学改革的动力，要经受市场的检验。只有能够满足市场需要或符合成本效益原则的动因，才有可能转化为高校教育教学改革的动力。在具体实施步骤上，市场机制主导下的高校教育教学改革不像行政机制主导的高校教育教学改革那样规范和有章可循。

（三） 志愿机制

所谓志愿机制，是由高校自身来主导高校的教育教学改革，即高校根据自身教育教学的现状、面临的问题、发展的目标等来选择改革的方向。在这种机制下，高校自身会对影响教育教学改革的内外部因素进行综合分析。其一般步骤是：首先组织全校教职工对学校教育教学工作目前面临的问题、发展的方向等进行大讨论，同时可以邀请专家介绍国外或其他高校改革的现状。这一阶段工作的目的在于转变人们的观念，激发改革的动机。接下来，一般由校长牵头组成制度改革领导小组，负责制订具体的改革方案，选择改革的切入点。在这一阶段，需要大量的调研。改革方案出台后，需要经过全校教职员工的大讨论。经过反复讨论修改定稿以后，改革进入实施阶段。实施完成以后，必须对相关改革成果进行巩固。

本章从高校教育教学改革动力机制的内涵、动力因素以及诸动力因素的内在联系、共同特征和作用机制等几个方面探讨了高校教育教学改革的动力机制问题。主要观点如下：

1. 任何改革都是在一定的动力推动下产生的，都有其相应的动力机制。所谓高校教育教学改革的动力机制，就是指引起或推动高校教育教学改革的不同层级的各种力量以及它们之间相互联系的过程、机制与方式。

2. 引起或推动高校教育教学改革的动力分为外部动力和内部动力两种类型。高校教育教学改革的外部动力，既有来自于社会大系统中政治、经济、科技、文化等子系统提出的新要求而产生的动力，也有教育系统中学校竞争而产生的外部压力；而高校教育教学改革的内部动力则主要来自四个方面，即克服高校教育教学弊端的需要、提升高校人才培养质量的需要、改革主体自我变革的推动以及高校办学自主权的推动。

3. 高校教育教学改革内外部动力的内在联系主要体现为：外部动力是内部动力发挥作用的前提条件，外部动力的作用要通过内部动力才能实现，内外部动力综合作用于高校的教育教学改革等方面；高校教育教学改革诸动力具有整体性、层次性、动态性、相关性与互补性等共同特征；行政机制、市场机制和志愿机制是诸动力与高校教育教学改革的三种主要作用机制。

第九章　高校教育教学改革下的人才培养

高等教育教学改革不仅仅是教学本身的改革，还包括课程体系、培养模式和考核体系的改革，尤其近年来高等院校响应以创新人才培养为导向，培养应用型人才为目标的号召，所以人才培养在教育教学改革中是至关重要的，需要先进的理念进行设计分析。本章就高校教育教学改革下人才培养改革的维度、人才培养模式改革进行顶层设计的路径、人才培养模式改革进程中的干扰因素等三大方面进行分析。

第一节　高校教育教学改革下人才培养改革的维度

从高校内部教育教学改革实践看，影响人才培养模式改革的要素主要来自两个维度：一是条件，主要指设施设备条件和师资条件；二是进行教育的方式或培养模式。

对于条件建设维度而言，人们更多地关注设施设备条件对于人才培养模式改革的基础和保障作用，对于师资条件在培养模式改进方面的至关重要的作用相对不够重视。师资队伍对于培养模式的重要性主要体现在两方面：其一，是师资队伍对于教育教学规律的认识和理解水平。因为在选择培养目标时，必定受一定的教育思想支配。但在具体的教学改革实践中，并非所有教师的教学改革思想和实践都是符合教育规律的。例如，很多教师认为，他不讲，学生就没有学会。所以凡是想要让学生学会的东西，就一定要在课堂上讲，从而把课堂讲授搞得越来越多。这显然不符合教育规律。其二，是教育者具有将学校（学院或系或专业）的目标科学分解，并按照目标来设计课程和教育教学活动，科学地对实现目标的情况进行评价的能力。所以提高教师和管理者自身的教育教学理论和方法的水平，加强教师和管理人员的专业化水平的培训，与人才培养模式的改革密切相关。如果高校的管理者和教师在上述两方面上都有欠缺，那么我们的培养方案与人才培养模式的要求就会产生距离，就无法谈质量的提高。

而对于教育方式或培养模式维度，由于教育思想观念和价值观的不同，也由于学校类型和学科专业性质不同，在认识上常常见仁见智。相对培养模式来说，教育方式的改革更受关注。我们过去一直在进行教学改革，包括课程体系、教学内容甚至包括教学方法和评价体系改革，在质量提高上也收到了一定成效。应该说，课程、教材、教法、评价、管理等环节的改革都重要，但是如果离开了人才培养模式这个整体关照，这些环节的改革就会迷失方向。任何一个培养方案的编制，首先是要确定培养目标，并且这些目标要能具体到可以用来选择课程和进行评价的状态。因此，人才培养模式是教学改革的核心问题，是质量的首要问题。

第二节　对人才培养模式改革进行顶层设计的路径

任何改革都必须具有明确的指导思想。那么指导思想从哪里来，是什么原因引起人才培养模式的改革？简单说，主要由外部和内部两个方面引起。从外部因素看，科学技术和文化的发展变化、社会需求的变化，都对大学的人才培养模式提出新的要求，提请大学要侧重培养人才的创新精神和实践能力，关注人才的科学素养和人文素质的培养等。从内部因素看，随着个体需求和认知能力的加深，也提示教师在教学中应采取有效措施让学生反思自己的认识和思维过程，从而提高思维的有效性和提高学习效果，等等。这里需要特别强调的是，任何一个教育环节上的改变，都应该和整个人才培养模式的改变结合起来，才能取得好的效果。也就是说，在具体操作中，可以先改动其中的某个环节，但必须围绕培养模式改革的整体进行。

简言之，人才培养模式的改革要有顶层设计，而这种顶层设计必须符合现代教育思想和教育教学理论，同时当然也要符合学校的校情。人才培养模式的改革有很多难题需要解决，这其中包括了思想观念的转变、教师的适应性问题、学生的适应性问题、管理的配套问题以及相应的硬件设施设备的重新整合的问题等。以学校工科培养模式的改革为例：思想观念的转变主要是因为培养模式改革会使教学重点发生变化，从而使所有发生变化的地方都提出了转变思想的要求。如过去的教学强调以讲课方式传授知识技能，而现在则必须以让学生实施项目的方式和探究的方式来获取知识。这种重点的转变，要求教师必须改变原有的教学思想。因此，对教师、学生而言，在教学设计、教学方法以及学习方式等方面都有适应性的问题。而在管理上，也有管理理念、制度、措施的相应配套问题。而这些问题的协调解决，依赖于各方对整个人才培养模式的整体框架有清晰的理解和认识。

就教学改革而言，我们的改革实际上是对"教什么"和"怎样教"这两个基本问题进行的某种形式的选择。从哲学上看，所进行的选择是否成功，要用两条标准同时进行评判。一个是价值标准，也就是说，要看我们的选择是否符合我们的需要，符合需要的才是成功的选择；另一个是科学标准，要看我们设定的目标是否实现，实现了才是成功的选择。所以，人才培养模式改革的真正抓手在于人们对培养模式整体的认识和选择，对实施培养模式的方式、方法的深入了解，其中也包括了在这个过程中的教育观念的转变。

参考文献

［1］张皓原. 国际交流合作下的高校人才培养模式改革［J］. 教育现代化，2019，6
（55）：14－15.

［2］伍光明. 关于高校人才培养模式改革的理性思考［J］. 中小企业管理与科技（上旬
刊），2020（03）：106－107.

［3］杨靖，范家茂. 高校人才培养模式改革与创新实践研究［J］. 质量与市场，2021
（21）：73－75.

［4］王洪艳. 创新创业视阈下高校人才培养模式改革研究［J］. 吉林工程技术师范学院
学报，2020，36（06）：36－38.

［5］刘利. 新形势下民族高校本科拔尖创新人才培养模式改革探索［J］. 阿坝师范学院
学报，2021（02）.

［6］田建国. 关于创新型人才培养的思考［J］. 高校理论占线，2008（2）：31－34.

［7］马陆亭. 现代大学制度建设与创新人才培养［J］. 中国高等教育，2010（5）：
22－24.

［8］朱清时. 求解创新型人才培养的困局［J］. 中国高等教育，2009（20）：4－5.

［9］潘光军. 中国就业问题的宏观经济研究［M］. 北京：中国财政经济出版社，2006.

［10］袁志刚. 中国就业报告［M］. 北京：经济科学出版社，2002.

［11］教巍巍. 基于创新创业导向的高校人才培养模式改革研究［J］. 教育教学论坛，
2018（41）：115－116.

［12］周芬芬. 课堂教学改革推动高校人才培养模式改革——基于"以学习为中心"课改理

念的思考［J］. 华中师范大学学报（人文社会科学版），2017，56（04）：169－176.

［13］张曼. 教育改革背景下应用型本科高校人才培养模式改革初探［J］. 安徽理工大学学报（社会科学版），2016，18（05）：75－79.

［14］隋姗姗. 面向企业所需的高校人才培养模式改革探究［J］. 高教探索，2016（S1）：11－12.

［15］胡建华. 素质教育视野下的高校人才培养模式改革［J］. 中国高教研究，2015（12）：30－31.

［16］祝艳.“大众创业，万众创新”背景下高校人才培养模式改革研究［C］辽宁省高等教育学会2015年学术年会暨第六届中青年学者论坛论文集三等奖摘要集.［出版者不详］，2015：25.

［17］边高峰. 高校人才培养模式改革浅探［J］. 江苏高教，2014（06）：93－94.

［18］刘萍，武蕾，袁蒙.“产教融合，多元协同”应用型人才培养体系的构建与实践［J］. 产业创新研究. 2021（22）.

［19］刘春琼，史凯. 控制论视角下地方高校生物学科相关专业的人才培养模式［J］. 教育教学论坛. 2017（20）.

［20］刘祎，李守军，杨扬. 创新创业教育融入人才培养体系的思路［J］. 南方农机. 2022（01）.

［21］翟海魂. 高校人才培养模式改革探析［J］. 中国高等教育评论，2013，4（00）：79－87.

［22］翟海魂. 高校人才培养模式改革：理念、框架和方法［J］. 浙江工商职业技术学院学报，2013，12（03）：1－5.

［23］李水弟. 高校人才培养模式改革中因材施教的思考——以新建本科院校人才培养模式改革为考察中心［J］. 南昌工程学院学报，2012，31（05）：1－5.